草根神话 系列丛书

光影的誓言

赵德斌／编著

中国出版集团 现代出版社

图书在版编目(CIP)数据

光影的誓言 / 赵德斌编著. —北京：现代出版社，2013.5（2021.8重印）

（草根神话）

ISBN 978-7-5143-1540-0

Ⅰ.①光… Ⅱ.①赵… Ⅲ.①电影演员－生平事迹－中国－现代 ②电视演员－生平事迹－中国－现代 Ⅳ.①K825.78

中国版本图书馆CIP数据核字(2013)第079536号

编　　著　赵德斌
责任编辑　肖云峰
出版发行　现代出版社
通讯地址　北京市安定门外安华里504号
邮政编码　100011
电　　话　010-64267325 64245264（传真）
网　　址　www.xdcbs.com
电子邮箱　xiandai@cnpitc.com.cn
印　　刷　北京兴星伟业印刷有限公司
开　　本　700mm × 1000mm 1/16
印　　张　12
版　　次　2013年5月第1版　2021年8月第3次印刷
书　　号　ISBN 978-7-5143-1540-0
定　　价　32.00元

前 言

QIAN YAN

读小学时的一首诗至今仍然不时地回荡在记忆里，那就是白居易的《草》："离离原上草，一岁一枯荣。野火烧不尽，春风吹又生。"野草具有顽强的生命力，它是斩不尽锄不绝的，只要残存一点根须，来年就能重新发芽，很快蔓延原野。那草正是胜利的旗帜，烈火再猛，也无奈那深藏地底的根须，不管烈火怎样无情地焚烧，一旦春风化雨，又是遍地青青的野草，野草的生命力是多么的顽强！

野草因其平凡而具有顽强的生命力；野草是阳光、水和土壤共同创造的生命；野草看似散漫无羁，但却生生不息，绵绵不绝；野草永远不会长成参天大树，但野草却因植根于大地而获得永生。野草富有民众精神，它甚至于带着顽固的人性弱点。草根具有强大的凝聚力，更具有强大的生命力和独立性。草根代表着这样一群人：他们知道自己很优秀，眼界比别人宽，舞台比别人大，但是他们简单，低调，很热爱身边的每个人，不自大，很快乐地骄傲着。他们来自祖国各地，聪明程度毋庸置疑，但仅有聪明是不够的。尽管他们曾经踌躇满志，但前路是遥远而坎坷的。或者因洁身自好，或者因厌倦红尘，或者因能力不够，或者是命运的捉弄，最终并非每个人都会站在时代的巅峰，也并非每个人都愿意站在时代的巅峰。从他们身上，我们也看得出社会对我们的期许，这就足够了。

对大多数青年而言，上大学是成才和进步的最佳路径，但由于环境和个人因素的诸多制约，不少人的大学梦往往止步于虚幻的梦想阶段，他们对于拥有知识、成就自我的热望，也就此沉淀在琐屑的劳作里。高等教育在一定程度上制约了社会群体的流动，也可能让部分人丧失努力和奋斗的勇气。其实，草根才是主流，草根人物的辉煌人生才是真正的神话。草根人物对自己内心观察和发展前途的思考是什么？草根人物崛起之路的底蕴是什么？草根人物的发展方向和步骤是什么？本书从人生起伏视角发掘古今中外草根人物的困惑和崛起根源，探讨草根人物的创业思路和发展方法，求证草根人物成功的秘密所在。旨在通过草根人物的传奇人生，深刻地解读他们的成功细节，是一部真正意义上的草根人生百科全书。

本书以专业独特的视角，轻松幽默的笔触，为你还原一个个古今中外草根人物的别具一格的传奇人生，深度解读他们成功路上的呐喊、彷徨和成就，为你带来一种真正意义上的心灵震撼之旅。

尽管我们付出了诸多的辛苦，然而由于时间紧迫和编者的能力所限，书稿错讹之处在所难免，敬请各方面的专家学者和广大读者批评指正，我们将不胜感激！

编 者

2012年11月

目　录

开　篇　草根的神话

第一章　快乐精灵的艰辛成名路

第二章　不抛弃不放弃的王宝强

第三章　相声奇人郭德纲

第四章　不可复制的李玉刚

第五章　笑星艺术家高秀敏

第六章　东方喜剧王——赵本山

第七章　星爷的无厘头世界

第八章　E时代的音乐领军人

第九章　功夫巨星的传奇人生

第十章　杨坤北漂辛酸史

开篇　草根的神话

草根的含义

“草根”直译自英文的grass　roots。

有人认为它有两层含义：一是指同政府或决策者相对的势力，这层含义和意识形态联系紧密一些；二是指“草根阶层”，人们平常说到的一些民间组织，非政府组织等一般都可以看作是“草根阶层”。

“草根”一词的来源

有学者把非政府组织（也称为非官方组织，即NGO）称作草根性人民组织；另一种含义是指同主流、精英文化或精英阶层相对应的弱势阶层。比如一些不太受到重视的民间、小市民的文化、习俗或活动，等等。

从各种文章来看，实际应用中的“草根文化”的含义远比以上的解释来得丰富。

至少“无权”还是草根的特征之一。

网络也应该是一种草根文化（grass-rooted　culture），它所能表述的是一种非主流、非正统、非专业或曰爱好者，甚至纯然出自民间草泽的人所构成的群体，他们使之区别于正统的主流的声音，有其独立存在的理由和独特优势。

还有另一种解释为出自民众的人：草根英雄，草根明星。

“草根”的说法产生于19世纪美国寻金热流行期间，盛传有些山脉土壤表层、草根生长的地方就蕴藏黄金，即英文grass roots。

“草根”在网络和现实中的解释可以说很全面。每一篇都谈到了“草根”及其来源，英语、汉语的解释，也都承认最早是流行于美国，而后在20世纪80年代传入中国，又被赋予了更深的含义，在各领域都有其对应的词语。

正如“Do News”（IT新媒体资讯平台）的创建者刘韧在其博客《草根的感激》中说的一样：“草根是相对的。”

有一种说法叫“合群之草，才有力量”。这句话有两种解释：

第一就是不要孤芳自赏，要主动合作。

第二是人多力量大，团队合作的重要性，一棵草是永远也长不成参天大树的。

“草根”人物及其性格特点

草根的特点

近年来文化研究，学人多有引用“草根”一说者。野草因其平凡而具有顽强的生命力。

野草是阳光、水和土壤共同创造的生命；野草看似散漫无羁，但却生生不息、绵绵不绝；野草永远不会长成参天大树，但野草却因植根于大地而获得永生。

> **草根代表着这样一群人**
>
> 他们知道自己很优秀，眼界比别人宽，舞台比别人大。但是他们简单，低调，很热爱身边的每个人，不自大，很快乐地骄傲着。

野草富有民众精神，它甚至带着顽固的人性弱点，草根性具有强大的凝聚力，更具有强大的生命力和独立性。

“草根”人物主要有以下两个

特点：

第一，顽强。应该是代表一种“野火烧不尽，春风吹又生”的生命力；

第二，广泛。遍布每一个角落。所以，每一个在自己键盘上坚持更新的Blogger（写博客的人，亦称博主）都是草根。

在我们身边有这样一群人：他们知道自己很优秀，眼界比别人宽，舞台比别人大。但是他们简单、低调，很热爱身边的每个人，不自大，很快乐地骄傲着。

人们都喜欢艺术家，那种提法怎么说呢，对人民艺术家来说，这个帽子足够大吧。

但是现在的娱乐界，尽管人人都喜欢被称为艺术家，但有些明星只能叫娱乐人，却不能叫艺术家。

草根英雄赵本山

身为尽人皆知的草根英雄，赵本山无疑是位值得尊敬的艺术家。20世纪80年代，赵本山与潘长江在沈阳北市大戏院演出《大观灯》，一演就是上百场，创造了演出奇迹。

如今已经成腕的赵本山在演出时还是一丝不苟。

在很多人的眼里，赵本山跻身艺术家的理由显然充足，通过东北二人转这个东北三省人民的娱乐方式和精神母体发扬光大，同时将中国小品玩味到极致。

其实，英雄莫问出处，赵本山更值得人尊敬的在于当草根成了英雄后，自身仍保持着草根情结，在事业做得游刃有余之时，反手对东北二人转来记“化骨绵掌”，揭开拥有近300年历史的二人转的那块羞答答的红盖头。

从东北二人转到赵氏小品再到影视剧，赵本山用一记装疯卖乐、假痴不癫大法，将东北语言和民间元素表现得淋漓尽致。

放眼时下娱乐界,能做到像赵本山这般对人性和社会现象予以自嘲的同时,对娱乐界进行解构和推进的,有几人呢?

毫无疑问,与假痴不癫相比,装疯卖乐更是一种人生大境界,没有几个人真正能够做到。

草根歌手李宇春

还有最受欢迎的草根歌手李宇春,她成功的一大标志是拥有着众多的"玉米"和人气。

当她登上美国《时代》周刊封面有人撰文说:"李宇春登上《时代》周刊封面,中国呼唤平民英雄。"

其实,2005年"超级女声"的火爆,和境内外媒体的煽风点火不无关联。

国内的主要报刊在6月份迅速跟进"超女"选题,有相当大一部分都是受到《今日美国》和《巴尔的摩太阳报》两份报纸的影响。

毕竟,在某种意义上,中国的影像工业造星乏术。尽管有若干影星占据银幕,也有少数摇滚歌手可以炒热体育场,但鲜有电视荧屏上的面孔能够真正出位,而这也正解释了为什么一个名叫李宇春的21岁四川女生会成为中国最受欢迎的流行歌手。

李宇春在湖南卫视那档类似"美国偶像"的歌唱比赛中胜出,并赢得了她独一无二的称号:"蒙牛酸酸乳超级女声"——这个节目吸引到了中国电视史上最大的观众群。

实际上,李宇春现象早已超越了她的歌声。李宇春所拥有的是态度、创意和颠覆了中国传统审美的中性风格。但是,李宇春确实拥有更多含义:她代表了张扬的个性,这就是她成为全国偶像的原因。

换言之,李宇春的个性特质是:其中性化的特点,在这个泛娱乐时代恰到好处地迎合了中性时代的到来。而李宇春其人的成功之处也在于,拥有自身的机遇,加之自身确实拥有一定的实力和努力,从而赶上了一个疯

狂的娱乐时代。

李宇春本人亦是借“超女”包装出来的，借“超女”疯出来的，借一帮娱乐粉丝抬出来的。

网络写手

正如同传统媒体和经纪公司捧出明星一样，网络媒体自被广泛认可以来，也不断地捧出一个个网络名人，网民是一个特殊的群体。70后的人群在2000年前后，是网络的主力军，他们中的很多人都很有才华，也颇具个性。因而，网络也捧出了大量的网络写手。

比如，2010年5月腾讯微博入驻过一位刚毕业的大学生，他用自己的亲身经历写出被新媒体、各大纸媒誉为中国首部最为经典的微小说《eilikochen京都生活记》，也被称为微小说创始人，他就是陈鹏。

年轻的他成为北漂的代表，腾讯微博粉丝数万。

《eilikochen京都生活记》是中国首部及时纪实性连载微小说，作者陈鹏先生从2010年5月开始在腾讯微博实时在线写作，随时接受网友的互动参与，陈鹏自己的故事或身边的见闻趣事随时有可能被作者写进微小说里，因此受到网友的热捧。

但人们追捧这部微小说，不仅仅因为它是国内外线上发表的第一部微小说，更因为这部小说道出了现代人心中对现实生活、对各类情感的困惑与迷惘。

《eilikochen京都生活记》已在腾讯微博独家网络在线发布，至今仍在连载已更新发表一百四十回。

草根族

在论坛和博客中，开展评论非常自由，工资低可以呼吁，房价上涨可以发发牢骚，出租车提价可以评论，特别是在论坛上彼此互动，你一言我一语，甚至争得不可开交，大家觉得很爽快。

“草根族”的评论有许多并没有石沉大海。

2003年，新华社首次披露中央高层领导对网络的重视看来“草根族”的评论并非人微言轻，“香草根”的“舆论场”作用，日益受到中南海高层的重视和肯定。

然而“草根族”中也有“毒草根”。个别网民编造的谣言之所以具有强大的杀伤力，当然与网络的传播特性有关。通过转帖、邮件、即时聊天工具发送等方式，一个查无实据的谣言很快就能覆盖数量广泛的人群，进而在社会上造成严重的影响。

看来“草根族”中也有良莠之分，“草根族”在网络中应大力提倡自律，遵纪守法，自觉做促进社会主义文明的网民，共同创建健康的、积极向上的、文明的网络环境。

草根族

时下“草根族”这个称呼很盛行，据说“草根族”这个称呼最早来源于法国资产阶级大革命时期，是对社会底层的百姓的一种称呼。

现在其所指也是社会最下层——平民老百姓的意思。互联网的论坛和博客为“草根族”搭建了一个自由言论的平台，他们可以畅所欲言的谈天下、谈社会、谈热点、谈对一些政策的看法。

草根文化

“草根文化”是伴随着改革开放思想的解放、意识观念的革新、科技进步、市场经济发展、创新2.0的逐步展现引发的创新形态、社会形态变革及其带来的社会大众道德观念、爱好趣味、价值审美等变化出现的文化多样化的发展趋势，在民间产生的大众平民文化现象。

后来“草根”一说引入社会学领域，“草根”就被赋予了“基层民众”的

内涵。

社会学家、民俗学家艾君在“改革开放30周年解读”中认为，每一次思想的解放、社会变革和科教的进步，都会派生和衍生出一些特殊的文化现象。

它的出现体现出改革开放后文化的多样性特点，也可以从一定意义上反映出以阳春白雪占主流的雅文化的格局已经在承受着社会文化中的“副文化、亚文化”的冲击。

这种特殊的文化现象其实是社会民众的一种诉求表达，折射出社会民众的一种生活和消费需求，以及存在的心理需求。

它具有平民文化的特质，属于一种没有特定规律和标准可循的社会文化现象，是一种动态的、可变的文化现象。科学技术发展引发了创新形态、社会形态的变革，创新2.0也正在成为知识社会条件下的典型创新形态并影响社会的草根化进程。

Web2.0是创新2.0在互联网领域的典型体现，而Blog则无疑是Web2.0的典型代表。

博客提供给普通大众和媒体精英以及潜在媒体精英同样的发挥机会和展示的舞台。

既然媒体精英进入博客写作市场，那么在充分竞争之后，中国博客发展一定和美国的Blog反专业主义、反精英主义发展完全相反，所以中国的博客之后的发展，一定是继续精英化，而不是像在美国祖先一样草根化。

其实不用再多说什么了，那些指望通过BSP(博客服务托管商)的首页，给自己的blog带来流量的草根们，恐怕只好先把自己弄成精英再说了。

看看新浪推荐的优秀Blog，余华、张海迪、潘石屹、徐小平都属于精英博主。

不否认精英的影响力，实际上新浪正是在利用他们的这种影响力，来

> **草根文化的定义**
>
> 草根文化，属于一种在一定时期内由一些特殊的群体，在生活中形成的一种特殊的文化潮流现象，它实际是一种"副文化、亚文化"现象。

吸引草根们到它的网站上开blog，这会很有效果。

但互联网正在把影响力赋予那些以前不具有影响力的人，blog圈是条长长的尾巴，而每个blogger都是这个尾巴上的那么一点。这就是《纽约时报》所说的，"Every one is famous for 15 people"（每个人都可以在15个人中大名鼎鼎）。这15个人，可能包括你的恋人、朋友、同事，你对他们的影响力，可能远远超过那些精英们对他们的影响力。

比如，我告诉你应该看超女，你可能不会看，但你的女友告诉你应该看超女，你就真的看了。

作为管制而没有充分发展，实际上所有的管制都是一部分人对另一部分人的管制，一部分精英对另一部分精英话语权的剥夺。所以很多话只能在自己的Blog上说。

不过有的人不认为写Blog的人会是精英，只不过他的Blog的读者略多于其他Blog而已，但不会像《读者》那样拥有几百万读者。

从媒体的角度看Blog，它的读者总数正在快速增加。尽管每一个单独的Blog都很小众，但它们的读者再少，也一定会有最忠实的。

整个Blog圈的读者绝对是个可以跟任何媒体相抗衡的数字，这就是长尾的威力。

管制几个精英很容易，但管制几百万Blogger很难。

因为再微弱的声音也有发出来的欲望和可能。门户网站用精英做招牌，目的还是吸引大量的草根。

Blog让草根不再只是充当衬托精英的背景，至少在15个人中，每个Blogger都是一个主角。

"草根文化"的现实意义

健康向上的"草根文化"会形成对主流文化的重要补充，但愚昧落后的"草根文化"无可否认也会对传统意义上的主流文化带来辐射、腐蚀和冲击。

改革开放三十多年来，"草根文化"的风起云涌，从一定意义看，丰富了人们的文化生活，补充了人们的精神需求，体现了文艺的"百花齐放，百家争鸣"，对主流文化进行了辅助和补充，使文艺体现出了真正的"雅俗共赏"之特点。但实际上对一些主流文化的普及和弘扬也是一种挑战。

任何的文化不能脱离了其社会价值和对社会发展所具有的责任，不能脱离了文艺的"二为"方向，"草根文化"因为其来自民间、来自生活，这些文化难免有的带有一定的糟粕和腐蚀性。

对待"草根文化"我们应该在"科学发展观"的指导下，剔除一些糟粕，尤其应该剔除那些对我国优秀的传统文化造成颠覆性的破坏较大的"草根文化"，倡导和发展那些群众所喜闻乐见又对社会发展有进步意义的"草根文化"。

总而言之，对待日趋泛滥的"草根文化"现象，我们应该以"三个代表"重要思想为指

博客的分类

按照博客主人的知名度、博客文章受欢迎的程度，可以将博客分为名人博客、一般博客、热门博客等；按照博客内容的来源、知识版权，还可以将博客分为原创博客、非商业用途的转载性质的博客以及二者兼而有之的博客。

针，以“科学发展观”为指导，采取“批判吸收的鉴赏态度”，认真领会认识“继承和发展的关系”“扬和弃的关系”“批判和吸收的关系”，继承和发扬“草根文化”中那些有益的精神文化内容，批判和剔除那些对人的修养、道德建设以及对社会发展、人类进步有腐蚀作用的“劣质内容”，让“草根文化”真正成为主流文化的重要补充，成为构建和谐社会、实现全民小康的一种社会动力和精神财富，成为一笔宝贵的文化遗产。

第一章　快乐精灵的艰辛成名路

人物名片

十年前，一个青涩、懵懂的18岁女孩怀抱梦想只身闯荡北京，开始了她追逐梦想、寻找快乐的北漂旅程。

十年后，这个历经风雨的女孩成长为横跨影视、主持、舞台剧、音乐、写作于一身的全能艺人，站在生命的舞台上，把爱与痛、成功与失败、梦想与追逐，凝聚成快乐，让亿万观众在快乐中穿越。

第一节　走近人物

个人简介

谢娜，中国著名多栖女艺人。1981年5月6日出生于四川省德阳市中江县，毕业于四川师范大学电影电视学院表演系。因与何炅、李维嘉等人共同主持湖南卫视综艺节目《快乐大本营》而成名，素有“内地综艺天后”之称。以幽默诙谐的搞笑风格而著称，又被誉为大陆版周星驰。2011年9月26日谢娜与内地著名流行歌手张杰在云南香格里拉举行了婚礼。2012年7月，主持湖南卫视推出的国内首档明星模仿秀大奖赛《百变大咖秀》。

个人著作

代表创作:《娜是一阵风》《娜写年华》《菠萝菠萝蜜》《乐玩乐疯》《蓝色巧克力》《云中的angel》。

代表音乐:《菠萝菠萝蜜》《给不了的幸福》《简单快乐》《化骨绵掌》《我只要你爱我》《娜写年华》《幸福的滋味》《快乐的歌》《傻傻爱》《娜样纯杰的爱恋》《蓝色巧克力》《幸福的流泪》《暖流》《厨娘》《我不是宅女》《姐姐妹妹向前冲》《地球欢迎你》《万花筒》《乐玩乐疯》《蓝色巧克力》。

第二节　十年磨一剑酸甜苦辣都尝遍

早年的"娜"生活

十年人生,十年风雨。这个曾经的灰姑娘一路跋涉、一路泪水欢颜,曾经的花谢花飞、风风雨雨、苦辣酸甜,在她自强不息的奋斗中化作一段故事,见证着冷暖人生。

谢娜出生在四川一个小县城中江,谢娜从小就超乎寻常地淘气,按照现在朋友们的说法——谢娜这人,太不靠谱了!

童年时的小谢娜,长得清纯可爱。一天,妈妈带着她去裁缝店做衣服。走在半路上,谢娜看到路边卖的饼子包皮子,直想上去咬一口。"妈妈,我要吃这个。""太脏了!"妈妈一口拒绝了小谢娜的要求。等到了裁缝店,妈妈和裁缝商量着怎么

做衣服，小谢娜一个人蹲在门口，偷偷摸出一把剪刀，“咔嚓咔嚓”，只见谢娜沿着妈妈的裤腿一路剪到大腿，把妈妈的裤子剪成了旗袍。

15岁的谢娜参加“全国推新人”大赛落选，对于稚嫩的谢娜来说，这次失败是她人生中一笔宝贵的财富，她发誓一定练好十八般武艺，卷土重来。经过艰苦的学习，16岁的时候，谢娜觉得自己在中江已经挺有名气了，想到成都去长长见识，谢娜以专业总分第一名的成绩考入四川师范大学电影电视学院。当时她一口中江话，连四川普通话都不会说。“我去考试，老师问我叫什么，我说，谢啦(娜)！老师又问我叫什么，我还是说谢啦！老师都笑得不行了，问我几岁，我说，是牛(十六)。老师说，你走吧。”

谢娜的性子特执着，她缠住院长，请院长把她留下跟班，院长被她的诚意打动，收她在学校跟着师哥师姐们一起上课。

因为在中江县的一个演讲比赛中获得了第二名，谢娜抱着很大的希望参加了1995年全国第二届影视表演推新人大赛，却在初赛(相当于现在的海选)中就被淘汰了，当时的娜娜伤心极了。

三年后，已经在四川师范大学表演系学习过了的谢娜再次参赛(全国第五届影视表演推新人大赛)，获得了影视表演十佳金奖(即冠军)，这个奖项给她日后的表演事业打开了一扇新的大门。

辗转南北梦想之路多辛酸

1998年,从四川师范大学电影电视学院表演系毕业后,谢娜有两个选择:留校或去当地电视台做主持人。做老师不是她的理想,做主持人倒可以考虑,但是,那个时代的主持风格是端庄的、严肃的,主持人仿佛报幕员,这不是她所喜欢的。

她向往北京,想在那里成为一名演员。正好北京有个“推新人”大奖赛,她报名参加,并获得冠军。得奖的那天晚上,有个制片人找她去海南拍一个戏,她答应了。

那个剧组里只有谢娜和另一个女孩是新演员,其他都是出道的明星。她俩除了演戏外,还要兼做化妆与服装助理。初涉演艺圈的谢娜没有多想,只嘀咕了句“可能都是这样的吧”便埋头工作。白天工作,晚上看剧本。一天晚上,同屋的女孩休息了,为了不影响她,谢娜点了蜡烛在床上看剧本,因为太累了,看着看着就睡着了。蜡烛倒了,烧着了蚊帐,同屋的女孩发现后尖叫起来。谢娜醒了,火焰就跳跃在眼前,她霍地跳开,冲向厕所端来一盆水浇灭火焰,倒头又睡着了。第二天早上醒来,她吓坏了,整个房间都是黑的,床头柜也是黑的,自己睡在一堆黑糊糊的蚊帐里,拿镜子一照,脸像“李逵”,黑炭般。突然,一股钻心的痛袭来,低头看,胳膊上好大一片烧伤。天光大亮,剧组马上要开机,谢娜不敢耽误,用布包扎了一下就匆匆赶往片场。事后,她心里琢磨:为什么自己又要做演员,又要做工作人员?难道就是因为自己不是名牌大学出来的演员吗?

为了改变事业的起点,她想去考北影、中戏与军艺。三个学校都报了名,但都因为她大大咧咧的性格坏了事:在地铁里睡着了错过了考试时间;没带准考证;通过考试了,又没赶上

谢娜搞怪语录

1. 我是来自马栏山马栏坡马栏村的马小姐,你可以叫我山寨马。

2. 马小姐:“俺是俺们村上一枝花”维嘉:我们村里有句话“村里一枝花全靠粪当家”。

3. 今天来了很多我的:坡迷。

体检。她咀嚼着考学失败的滋味，有点想打退堂鼓回四川了。

从报考军艺再到中戏、报考北京电影学院失利，再次沉重地打击了谢娜。这个倔强的四川女孩却坚信命运掌握在自己手中，梦想属于那些敢于追梦的人，她下定决心留在北京，闯出自己的一片天地。没几天，海南《少年英雄方世玉》剧组打电话给谢娜，说缺一个演丫鬟的演员，问她愿不愿意去。她一听每个月有600元工资，吃住全包，就决定去。毕竟，生存是第一位的。因为《少年英雄方世玉》中活泼可爱的丫鬟小丽的出色表演，谢娜引起了不少导演的关注，纷纷邀请她去演丫鬟，竟因此得了个“丫鬟专业户”的“美名”。

在举目无亲的城市，日子虽然忙碌，但生活依然窘迫。18岁的谢娜常常躲在被窝里大哭，她想家，想疼爱她的父母，想得痛彻肺腑，难以自已。

> **谢娜语录**
>
> “我曾经苦过，经历过一无所有的阶段，所以知道今天的一切来之不易。我丝毫不能懈怠，有好的机会就要抓住，就要全力以赴。”“我曾经什么都没有过，所以更害怕会失去现在的一切。你别看我平时在公开场合说自己多红，其实内心里我对什么都害怕。”

青春的岁月、追梦的年华，就这样，常常在夜深人静时被泪水打湿，成为生命旅途中一段刻骨铭心的记忆。自尊出来提醒她，“不能再演丫鬟了！”她掉头回到四川，回家就睡，睡醒后，突然发现家里的电器都没了，原来爸爸的公司出现了经济危机，家里的电器全都变卖还债了。低沉的情绪一下子又被眼前的残酷现实激励，“自己稍微吃点苦算什么，还得继续打拼才行。”

于是谢娜又回到北京。听说外资投拍的连续剧《幸福街》快要开拍，谢娜来到剧组，找到根本不认识的导演、副导演游说：“我很适合演这个女角色。”谢娜的直爽与决心打动了导演，他们决定让她出演女主角。这次可是演女主角的机会啊。谢娜开心地重新投入工作。拍完这个戏，有了钱，她在北京租了房子，又给家里一些经济支援。轻松了一阵，她又经历了一大段没有工作的日子。没有机会，苦挨的日子里充满了不确定的因素。她又琢磨，回四川发展情况是否会稳定一点呢？

为了实现梦想，她从四川来北京，星路上的不顺与自己的努力斗争了很久，不分高下，她不苛求大红大紫，只求有份像样的工作。要么继续苦挨，等待机会，要么再次放弃，回四川。她苦恼着犹豫着，迟迟未决定。希望还在诱惑着她。

在主持人舞台上发挥幽默天性，赢得更多舞台

李湘走后，湖南卫视《快乐大本营》一度只有两个男主持，节目需要一个女主持人，这时候不管用哪位主持人来接替李湘的工作，都只会成为一个靶子。在这种情况下，栏目组考虑到观众的收视惯性，决定宁可让栏目彻底转型，也不要找一个替身来模仿李湘。一度，栏目组准备以选秀的方式来为《快乐大本营》选女主持。何炅对新搭档提出了这样的设想：“我们的新成员不能是太大牌的，否则节目很难轻松起来；但是也

不能完全是个新手，这样我们磨合的时间太长。我希望找到一个年轻、漂亮、聪明、灵活的女孩子，大方，能开得起玩笑，可以跟我们一起打打闹闹。"谢娜完全符合标准。但是在做《快乐大本营》之前，她还是一个总是演丫鬟的小演员，从来没有主持过节目，只是朋友们在一起唱卡拉OK时与何炅有过一面之缘，但何炅却大力举荐。用谢娜的话，那是"何老师慧眼识英才"。《快乐大本营》的主持风格轻松、活泼。谢娜想：这或许是一个可以展示自己幽默天性的舞台，原本颓唐的她又积极备战了。

第一场，从来没主持过节目，而且是直播节目的谢娜说："那我是撒开了玩儿啊！"但是反对的人很多。于是谢娜决定潜心充电，那段时间与来内地的吴宗宪有一个合作的时期。吴宗宪对谢娜说了这么句话："你是我看到的最适合的内地综艺节目主持人，只是没找到路子和特点。"但是充电归来，信心满满的谢娜在连续十期的游戏节目中并没有好的表现。2002年夏天的一日，谢娜第一次主持便是直播，她紧张，但不慌张；她不自信，但不胆怯。在舞台上，她积极发挥，努力搞活气氛。

第二天，网上就有反对的声音："谢娜不端庄，作为女人不穿裙子，像个疯丫头。""没有主持人像谢娜这样的！"……她很伤心，落泪，委屈，"把真实的自己展现出来不好吗？"何炅安慰她说："每个人站在舞台上，不管多么努力，都会有人批评你，也有人指责我这儿那儿的。你不要气馁，要坚持住，等过一段时间再看，会有支持声音的。"

是啊，有谁第一次主持就很出

谢娜语录

“任何事情我都觉得不是在自己控制之中，一直害怕。而越是自卑的人，就越在乎自己的自尊心”；“我就像一个在成长的过程中摔了跤的孩子，但是，从哪里摔倒，就从哪里爬起来，我是一个心里留不下‘结’的人”；“不跟别人比，只跟自己比，做最好的自己”。

色呢？她稳住心神，反思自己，第一次在台上的确没有找到感觉，台上台下都有些乱。调整状态，继续主持节目，第二次、第三次、第四次……终于有观众在网上留言：支持你，很喜欢你快乐的主持风格，有一点疯，但让人好放松。持支持态度的观众越来越多，谢娜悬着的心放下了，她明白了：只要努力，只要展现真实的自己，还是会取得胜利。

因为《快乐大本营》而声名鹊起，《风雨西关》《一双绣花鞋》剧组找她演戏，其中的角色都是很忧郁、很凄凉、很内向的性格，需要很苦哈哈的表情。天性开朗的谢娜是直肠子，黑色情绪在身体里停留不到半分钟，就会被她用各种笑话发泄掉。剧组里，她是一颗开心果，能让每个人都笑。快乐的、幽默的形象已深入人心。与她演对手戏的演员面对她总要笑场，无数NG重拍，大家是快乐了，但工作却不顺利。经历这两部戏后，她发现自己的幽默天性更适合在主持人的舞台上发挥。

拥有了诸多“娜米”,她也获得了圈内人的肯定。台湾资深综艺节目主持人吴宗宪评价谢娜：现场反应能力强，主持风格跟台湾著名主持人阿雅、小S有得一拼。后两者的主持风格都是幽默的现场灵动的典范。得到表扬后的谢娜更自信了。

星路起伏跌宕

成功的道路并不是想象中的一帆风顺。历经繁华、穿越风雨,谢娜与男友携手走过了五年的浪漫青春,2005年底却传来分手的消息，不禁让人唏嘘感慨,如果生命中有一种东西挥之不去,这挥之不去的东西一定叫做“爱与痛”。就在这时,2006年,湖南卫视领导决定尊重民意,以观众投票的方式从现有主持人何炅、李维嘉与谢娜三人中选出一人继续主持。这意味着工作上的好伙伴、台下的好朋友要抛开私人友谊,抱工作态度在舞台上PK。

再怎么不情愿,谢娜还是抱着开心的积极的态度向何炅挑战:谁PK过谁还不知道呢。明明知道自己会输——毕竟何炅的主持时间更长更受观众们欢迎——谢娜依旧在PK那天在舞台上又唱又跳，很兴高采烈的样子。PK专场一结束,结果出来了,何炅留任,李维嘉与谢娜离开。三人抱头痛哭,谢娜哭成一个泪人。这次PK虽然输了,却让谢娜经受了又一次考验,她感悟到:幽默不是瞎闹腾，而是一种喜剧的节奏。自信,必须更自信,坚持自己的风格!

谢娜又要离开《快乐大本营》，爱情和事业都陷入了低谷,她所经历的伤痛只有自己知道。可是谢娜并没有一蹶不振。幸运在失败没几天后就从

勇敢面对失败

“没有爱情，我一样精彩。”“自己的事情一定要自己努力，只要有一线希望，我就不会放弃。”继续乐观坚强地开辟其他工作，认真地推出自己的第一本书，艰难地一步一步，那些黯淡的曾经，被她一一超越，终于走向了成功。

天而降。华谊兄弟音乐公司看到谢娜在主持舞台上的唱歌潜力与她不断高涨的人气，决定给谢娜量身制作唱片。同时，她开始书写关于自己与朋友们的故事，由湖南文苑出版社出版。更让她高兴的是，湖南卫视收到观众们的强烈呼声，邀请谢娜与李维嘉重返《快乐大本营》的舞台。《快乐大本营》顺应观众的强烈要求，邀请谢娜第三次回到演播厅，但却只作为嘉宾出任评审。在同一个舞台上由主持人到嘉宾这种过程其实是很痛苦的，谢娜完全可以拒绝，但懂得感恩的她顶着压力上了。

随着“快乐家族”成立，经历了风雨磨难的谢娜终于破茧成蝶，迅速刮起一阵“娜式快乐风暴”，在节目中与搭档默契配合，使《快乐大本营》在经历低谷后，超越了所有的综艺节目，成为全国收视冠军。同时，第一本书《娜是一阵疯》在全国大卖；主演经典话剧《暗恋桃花源》并荣获最佳女主角奖；首张专辑《菠萝菠萝蜜》取得了难以置信的好成绩；入围舞林大会并获奖；在经典电视剧《射雕英雄传》中扮演华筝公主；为进口大片《赛场大反攻》配音。她的事业全面开花、高歌猛进，观众对于她的喜爱已经无需任何花边新闻来支撑，快乐忙碌的谢娜完成一系列华丽的转身，开启了她人生的辉煌一页。

而人气空前高涨的谢娜并没有停下脚步，一刻也停不下来地做着“空中飞人”，主持、拍戏、跳舞、演话剧、配音、代言……谢娜的演艺事业可谓全面开花，全国巡演《暗恋桃花源》、接拍主演多部电影电视、主持《快乐男生》《快乐大本营》在各种身份间转换的谢娜分身乏术。2007年最忙碌的时候，谢娜曾经创造了72

小时不眠不休的纪录。满满的成绩单，看得人眼花缭乱，也可想而知，成绩背后谢娜所付出的努力与辛苦。

她成为了快乐精灵，只要节目需要，在亿万观众前唱念做打插科打诨，毫不矫情，轻松戏谑，活泼可爱，将快乐发挥得淋漓尽致，让观众在捧腹大笑的同时得到真正的娱乐与轻松。她从来不是完美的，也从不假装完美，但她一定是真实的；她从不去伪装自己的缺点，也不善掩饰自己的喜怒哀乐，这样一个明星，估计也算是空前绝后吧？谁又会是完美的呢？其实观众想看的也不是一个完人，不要时时刻刻都正经地绷着一张脸，有时只需要简单快乐地大笑一场，给平淡压抑的生活增添一些发自内心的轻松愉快，释放一下压力而已。

在这个日渐冷漠的社会，观众喜爱她，不仅仅是喜爱她耍宝搞笑，更多的是珍爱她那颗用美好对待世界、奉献灿烂笑容、善良的心；了解她理解她的人都喜欢上了她，而那些不喜欢不理解的批评与批判则让她更坚强地成长。不管怎样，也不影响她成为快乐精灵，她刮起的快乐风暴，无可否认地在人们的心中烙下了一个深深的印。作为当红明星，她成了媒体风口浪尖上的新闻人物，被媒体用放大镜锁定，也受到太多流言蜚语、无中生有、捏造歪曲、恶意毁谤、是是非非肆意地伤害，但她并没有因此丢失那灿烂、爽朗的笑容，只有了解她的人，才会理解笑容的背后经历太多辛酸。

星路上，起起落落，谢娜一直没有抱怨，该笑就笑，伤心了也不憋着，偷偷哭后再笑——哄自己开心，也哄身边的朋友们开心——这种娱己娱人的精神让她不仅获得了大量观众的心，也赢得了一大批朋友的支持。

2006年是谢娜的多事之年，也是成功之年。出书、出唱片、做主持人的

谢娜谈朋友与家人

“我对朋友就是仗义。不管怎么样，做或者不做都会有人说的，那我自己决定的事情就去做吧。我就是仗义，朋友们说我要是在古代肯定是一个侠客”；“我想尽我的力量帮助他们，只要家乡需要，我义不容辞。如果举行赈灾义演请一定叫上我，我一定抽时间积极参与，义演时间定了请第一时间告诉我！”

同时，她应台湾著名戏剧导演赖声川的邀请，加盟话剧《暗恋桃花源》，出演女主角。《暗恋桃花源》是一部历时20多年的经典话剧，最早的演出者是林青霞。剧中的女主角具有三种不同的形象：风情万种的女人、冰清玉洁的仙女与泼辣的母亲。谢娜总结以前自己在电视剧中的失败经验，刻苦用功，决定一改自己演技失败的历史。表演很成功，在上海、北京演出很受观众欢迎。原本不看好谢娜的批评家们态度大变，撰文评价道："谢娜给了我们一个惊喜。"导演赖声川说："给娜娜100分，她让我很放心，她很有女人味。"一度被冠以男孩性格的谢娜得知赖导的评价，高兴得不知怎么表达快乐，愣了半天，接着，眼泪喷涌而出。再怎么坚强、再怎么快乐的人，也需要他人的肯定与支持啊。

铸就娜式风格仍微笑感恩

谢娜用她的不懈努力与勤奋回应着人们异样的眼光，成功主持多档热点娱乐节目、入主《快乐大本营》、潜心写作自己的第一本书、出演多部热播电视剧，她默默地证明着自己。她一次次被人们质疑，又在质疑中一次次奋起，甚至节目中场休息时跑到卫生间掉眼泪，完了还没事般回场继续主持，当中的心酸与眼泪、徘徊与前进，并不为人知，但她却从没因此觉得自己需要放弃。乐观执著的谢娜终于登上了凤凰卫视《综艺新势力》等知名节目，并形成了独具风格的"娜式"主持而再一次回归《快乐大本营》。

回顾谢娜《快乐大本营》成长历程，谢娜是在1999年10月的时候第一

次上大本营，那时候是以“叶子”的艺名客串主持，那一期的嘉宾是张卫健。2002年谢娜以嘉宾主持正式开始在《快乐大本营》上展现自己。

谢娜语录

“每个人都无法真正代替别人去感受去经历他的感情和人生，只有我自己的心才能触摸得到面对他的时候那个真实的自我。”“两个人的感情从各自心里体会到的、到用语言形容出来、到旁人的意会、再到旁人表达出来如此周转一圈，总会有些东西已经在不知不觉中走了样。”

从李湘出走，到明星主持人PK，到闪亮新主播选拔新秀。谢娜加入快乐家族并非一片坦途，相反，在短短的三年时间里，她经历了三去三留。在《快乐大本营》九周年的晚会上，她说：“我来了，走了，又来了，又走了，再来，这次我不走了。”

从最初的不被理解不被接受到大受欢迎，虽然有过沉寂的辛酸有过不被认同的失落，但坚强如她，一笑随风，完美地开创了另一方天地。这个懂得感恩的女孩子，至今仍清楚记得生命中给她支持和鼓励的人，没有忘记这些生命中收获的美好和感动。

微笑是她感恩的方式，懂得感恩的她永远记得曾受别人的帮助，对周围的人和事她一直心存感恩，使得她也尽心尽力地帮助身边需要帮助的人，将爱心传递。2008年家乡经历地震的灾难，谢娜来不及安慰受灾的父母，便义无反顾地投入到赈灾义演系列活动。灾难也让她更加懂得珍惜亲情友情，不用工作的日子，更愿意回到父母的身边，陪陪父母。她是个豪爽重情义的女孩，也是圈里朋友最多的艺人，朋友们最欣赏的是她古灵精怪后面的那种豪爽和真性情，而她对朋友也是真情以对，把每个朋友、每份恩情都装在心里。很多人都非常羡慕她和众多好朋友之间的友情，那是千金不换的人间真情。

以主持人身份走进观众视野的谢娜，如今在多部大手笔制作的电影、电视剧及经典话剧中一一挑起了大梁出演女主角，磨炼中表演技巧不断提升，舞台上的谢娜成长并成熟了，迸发出越来越多的闪光点，越发拥有个人风格与魅力，而主持各类大型晚会也日趋大气稳重。作为各大片竞相邀约的女演员，大银幕上频繁出现了她的身影，2009年她的演艺事业越来越火，被媒体称为"内地喜剧女王"，而她说"华丽的语言在事实和行动面前总是那么的苍白和无力，我会一步一个脚印地走自己的路"。不同于一夜成名的明星往往很快失去位置，那些通过努力和奋斗的明星最终都会在舞台上长时间屹立不倒。虽然前面的星路也不会一帆风顺，但坚强与乐观是她永远的后盾，有了它们，她便不会是失败者。一定会走得更远、飞得更高。

第三节　娜写年华

《娜写年华》讲述了谢娜在娱乐圈打拼的十年心路历程，十年北漂生涯，练就了她如何化悲痛为力量，痛并快乐着的健康心态。

一个从县城出来连普通话都讲不好，没有任何社会背景的16岁女孩，是如何靠着自己的努力一步一步走上舞台成为当红主持人、当红影视明星的？

> **《快乐大本营》宗旨**
>
> 《快乐大本营》这档本土制造的综艺先锋，以其清新、青春、快乐、八卦、贴近生活的娱乐风格在中国电视娱乐版图迅速定位，其带动的明星效应和倡导的快乐理念至今生命力不减，十几年来已融为中国青少年文化的一部分，并为湖南卫视打造成中国第一电视娱乐品牌定下基调。

十年间，她遭遇了家庭变故、事业受挫、流言满天。她是如何坚持下来并笑到最后？

经历了十年磨炼，她拥有了耀眼的光环、珍贵的友情以及对生活的独特感悟。她说，快乐面对生活，你不勇往直前，就永远不知道你能到达哪里。多幅生活写真图配以真实感人的文字，图文并茂，从谢娜灿烂的笑脸以及轻松搞笑的文字背后，更能让人读

到她对生活的快乐解读。

《娜写年华》是谢娜对自己十年北漂打拼奋斗历程的纪念，也为广大的年轻人诠释了迎难而上、勇往直前的乐观精神。

娱乐圈十年，尝遍了酸甜苦辣的谢娜，无论对过去艰辛的回忆，还是对未来的展望，早已淡然释然，也许《娜写年华》真的是谢娜对自己这一路走来最好的纪念。

谢娜语录

"我知道我的路还很长很长，这就注定我在演艺这条道路上要经历风雨，但我做好了在风雨中前行的准备。我不能要求所有人都喜欢我，只希望所有人都能看到我的付出和真诚"；"与其把眼泪挂在脸上，不如把微笑送给别人"；"哪怕是做一只小小的萤火虫，也要有属于自己的光芒，因为只有属于自己的光芒，才是最真实，最美丽的"。

2008年，中国人经历了"5·12"大地震的深刻磨难、经历了北京奥运会的感动，更多的年轻人需要榜样精神，需要他们摸得着看得到的知名人物来告诉他们如何去迎接挑战追逐自己的梦想。偶像时代的谢娜，不用华丽的写真，只用真诚真实的文字、朴实无华的语言、素颜的照片，带给了读者感动与震撼。这个邻家女孩做到了，这本《娜写年华》做到了。

专辑《菠萝菠萝蜜》

2006年末，谢娜携自己的首张个人大碟《菠萝菠萝蜜》在全国刮起了快乐风暴，唱遍了大街小巷，而"菠萝菠萝蜜"一词更成为当时最流行的减压咒语。快乐咒语《菠萝菠萝蜜》亮出来的全是快乐，把天马行空、肆无忌惮、趣味玩乐，通过音乐的方式来一一展现。歌曲好记又上口，极具都市流行色彩的旋律、完全放开飞翔的娱乐气质。赢得了市场的热烈追捧，发片一月即获得了双白金的良好销量，并一度热销到全国断货。

专辑很快成为各个场合中的最受欢迎的歌曲，发片刚半月全国各地便不断出现断货情况，很多不是"娜米"的歌迷也因为这张专辑彻底被这个娱乐圈的"鬼马女王"所降伏。更有趣的是，在很多公司的年终派对上，也将《菠萝菠萝蜜》作为减压狂欢的首选曲目，娜娜的快乐咒语——"菠萝菠萝蜜”风靡全国。谢娜也再三成为荧幕的宠儿,一时间全国各地方电视台纷纷邀请谢娜主持本地的春节晚会,带着《菠萝菠萝蜜》更带着快乐与观众欢度春节。

她以其独特的鬼马气质勇闯流行乐坛,获得好评无数,但谢娜坦言唱歌绝非玩票。《菠萝菠萝蜜》趣搞《大话西游》、《linglingling》中展成人世界童话梦想、《给不了的幸福》小女生纯真感人的爱情告白,无一不在用音乐向大众诠释一个可爱、率性的谢娜。而在强手如云的“2007年度雪碧原创中国音乐榜”上才出了一张专辑还可谓是歌坛“新人”的谢娜,凭借专辑《菠萝菠萝蜜》的热销和超高人气,一举获得了最优秀新人奖以及飞跃表现奖两大奖项。

第二章　不抛弃不放弃的王宝强

社会评价

没有耀眼的明星，没有轰炸的宣传，《士兵突击》火了，成了目前网络上最受追捧的军人戏，赢得网上很多排行榜首席。凭借他自己的本事，刚出道就上了春晚，受到了国人的喜欢。

没受过专业训练，没长着明星脸，更没有任何背景，从“傻根儿”到“瞎子阿炳”再到如今的“许三多”，河北南和县的普通农家子弟王宝强，一步一个新高地在影视圈书写着他的“好莱坞传奇”。

第一节　走近人物

人物生平

王宝强出生于河北省邢台市南和县大会塔村，6岁开始习武，8岁至14岁在河南嵩山少林寺做俗家弟子。命运似乎很眷顾这个看上去普普通通的孩子。16岁时，王宝强被导演李杨挑中，主演独立电影《盲井》，这部电影让他一夜之间从武行变成金马奖最佳新人。(王宝强凭《盲井》获得了法国第五届杜威尔电影节“最佳男主演奖”，第四十届台湾电影金马奖“最佳新人奖”以及第二届曼谷国际电影节“最佳男演员奖”。)王宝强凭借《hello，树先生》在第九届俄罗斯海参崴国际电影节再次勇夺最佳男演员奖。

2004年，参演冯小刚贺岁剧《天下无贼》，名声大噪，其朴实的个性和独特的幸运赢得很多人的关注。

2006年，王宝强主演30集电视连续剧《士兵突击》，成功地塑造了许三多这个角色，其自然的表演才能在这部剧集中得到充分的展现，给人们留下深刻印象，并赢得了广大电视观众的喜爱。从《盲井》《暗算》《天下无贼》《士兵突击》到2007年冯小刚导演的贺岁大片《集结号》，王宝强在影视圈一步一个脚印。

成名之后的王宝强，成为了家乡河北省南和县的宝贝，全县人都以他为骄傲。

2008年，王宝强被中国红十字基金会正式聘任为“农民工救援基金爱心大使”，王宝强被选为邢台市政协第十一届委员。同年4月，王宝强受聘“第七届首都大学生绿色形象大使”，呼吁大家“绿色环保很紧要，人人要做很必要”。

2008年春节，王宝强登上央视春节联欢晚会，主唱《农民工之歌》。2008年6月，推出自己的首部自传《向前进——一个青春时代的奋斗史》。

2008年7月28日，由中华全国总工会和国际劳工组织合作的“中国工作场所艾滋病教育项目”在北京举行项目启动仪式及研讨会。在项目启动仪式上，国际劳工组织正式宣布聘用王宝强担任“外来工艾滋病预防爱心大使”。

2008年9月参加主演《我的兄弟叫顺溜》，讲述的是在抗日战争前夕，曾经战斗在盱眙黄花塘地区的一名新四军狙击手的英勇故事，他

在剧中扮演狙击手顺溜。

> **王宝强名言**
>
> 我管不住别人的嘴，我只管做好我自己。
>
> 梦想之所以被称为梦想，就是在于它是要不断追逐的。

2008年11月25日由国际劳工组织发起，国务院预防艾滋病办公室以及非营利机构中国企业联合会、中华全国总工会、中国劳动和社会保障部的大力支持下，共同组织的“老乡帮老乡，预防艾滋病”的健康行动启动仪式在北京举行。由“外来工艾滋病预防爱心大使”王宝强主演、顾长卫执导的公益广告首次发布。短片生动幽默，给人一种回到了卓别林黑白默片时代的直观感受。

2009年担任浙江低收入农户青少年关爱行动形象大使并拍摄公益广告。

2010年上映的战争系列电视连续剧《为了新中国前进》，主演董存瑞。全剧总共22集，讲述了刚参加正规军队的民兵战士董存瑞在经历了一系列的苦难磨砺后，终于以代理班长的身份四处拼凑组建了以孙大光、刘玉林、郅振彪、朱三亮、牛玉合、邹二狗为核心的六班的故事。2010年主演了电影《人在囧途》。

2011年主演了电影《蔡李佛拳》《hello！树先生》。2011年主演了电影《追凶》。

2012年主演了电影《喜羊羊与灰太狼之我爱灰太狼》《泰囧》。

艺术自传

2008年6月29日王宝强推出了首部个人自传《向前进，一个青春时代的奋斗史》，记叙了他24年来的人生经历。这是一部青年人必看的励志书。

2005年凭《天下无贼》提名第01届电影排行榜——最佳新人奖；

2006年凭《天下无贼》提名第28届大众电影百花奖——最佳新人奖；

2007年凭《暗算》获重庆卫视2006-2007中国剧·风尚盛典——中国剧风尚色彩人物奖；

2007年获《南方人物周刊》2007中国魅力50人——本色之魅；

2007年凭《士兵突击》获《南方周末》年度人物；

2007年凭《士兵突击》获《新周刊》年度新锐人物；

2007年凭《士兵突击》中许三多获得形象百度首个首页人物；

2008年凭《士兵突击》获北京电视台影视盛典——演技飞跃艺人奖；

2008年参演的《公交协奏曲》《农民工之歌》分别获"我最喜爱的春晚节目"一等奖、三等奖；

2008年获"爱我中华"2008新娱乐慈善群星会——最期待闪电之星奖；

2008年获新浪等多家媒体 "贺岁十年欢乐盛典"——最受欢迎男配角奖。

2008年获光线传媒2007年娱乐大典——年度电视剧男新人奖；

2008年《士兵突击》获第20届军事题材电视剧"金星奖"——突出贡献奖；

2008年《士兵突击》在首届东京电视剧大奖上夺得"海外优秀电视剧"奖；

2008年凭《士兵突击》中许三多的形象获《新周刊》2007中国电视节目榜——2007最深入人心的电视形象；

2008年入选《新京报》“中国最美50人”；

2009年凭《士兵突击》当选“中国剧风尚最打动人心男英雄”；

2009年3月获“第02届华鼎之夜·演艺名人公众形象满意度调查发布盛典”——“华鼎奖”中国新演员公众形象调查第一名；

2009年7月5日与韩庚、乔任梁、张诚瑞、曹骏获“中国电影内地五小福”大奖。

2010年4月20日获五年一度的北京市先进工作者荣誉称号；

2010年5月31日获第10届华语电影传媒大奖封新世纪十年十位新锐明星；

2011年3月31日获2010真维斯娱乐大典——年度特别关注电影人物；

2012年3月3日，荣获《青年电影手册》2011年度男演员奖（《Hello!树先生》）。

2012年第19届北京大学生电影节最佳男主角提名（《Hello!树先生》）2012年第12届华语电影传媒大奖最佳男主角提名（《Hello!树先生》）。

2008年首次登陆中央电视台的春节联欢晚会舞台，与冯巩、阎学晶合作出演相声剧《公交协奏曲》。

2008年首次登陆央视元宵节晚会出演小品《特殊采访》；

领衔80后十大影响力人物之一

领衔80后十大影响力人物之一：“2007年80后十大影响力人物排行榜”涵盖了娱乐、体育、文化、商界等多个领域，王宝强以最高票数折桂，他能获得网友最多的支持，“虽是意料之外，却在情理之中，因为王宝强代表的是广大的‘草根’，太多奋斗中的年轻人，都能从他的身上得到安慰、寄托和力量”。

2008年湖南卫视元宵节晚会出演小品《士兵出招》；

2009年东方卫视09’华人群星新春大联欢出演小品《志在蓝天》；

2009年7月与张国强一起被邀请参加CCTV2《咏乐汇》。

2008年首张EP《有钱没钱回家过年》；

2008年央视春晚领唱《农民工之歌》；

2008年5月单曲《出门靠朋友》、《势不可挡》；

2008年5月华谊群星《我们有爱》；

2008年12月推出EP单曲《势不可挡》；

2010年华谊群星《活力闪耀》。

在广告方面，代言有槟榔、汇源奇异果王、东风小康、金博士种业、盱眙龙虾、游诚网络、绿叶电脑学校、邢台某家具城、淘宝支付宝等多个品牌，代言身价也已经在七位数以上。

2008年，第七届首都大学生绿色形象大使；

2008年，农民工援助基金爱心大使；预防农民工艾滋病的形象大使；

2009年，浙江低收入农户青少年关爱行动形象大使；

2010年，任“世博寻宝计划”活动大使；

2010年，任中国扶贫基金会“小包裹大爱心”爱心包裹公益项目爱心大使；

2010年，任中国扶贫基金会“爱心送水西南行”活动爱心大使。

第二节　王宝强成名路

少林俗家弟子的明星梦

王宝强的家，在河北省南和县大会塔村。和诸多农村孩子一样，王宝强的童年不被人关注。少年时代，许多孩子会欺负王宝强，他觉得自己小时和许三多很像。《士兵突击》里，许三多的父亲总是看不上儿子的“弱”，教育的唯一方法就是打。王宝强的父亲曾经当过军人，王宝强从小没少挨父亲的打。在王宝强的印象中，父亲非常凶，信奉“棍棒底下出孝子”，最甚的一次是因为自己务农偷懒，父亲拿马鞭狠狠地抽他。而母亲则是最疼他的人，对这个家中的“老幺”几乎是百依百顺，宝强只要一哭二闹，母亲就没辙。

穷归穷，王宝强说日子过得很快乐，白天跟父亲务农，到了豆地就在泥浆里翻筋斗；晚上则和小伙伴去豆地里玩，聊得最多的便是武术。“看了《少林寺》后，更坚定了我习武的决心。不是为了强身健体，而是我要拍电影、当明星。”他不敢跟父亲说，便做母亲的思想工作：“我说，妈啊，农村真的没啥意思，考大学咱家又供不起，我想去少林寺习武，将来做个武术教练好照顾你。我赚钱了，以后结婚娶媳妇都不用你管，也不跟哥哥争家里的房子和6亩地，您就让我出去奋斗吧。”

王宝强看了电影《少林寺》，当下就决定去少林寺，在某种程度上基于这样的幻想——学会了功夫，看谁还敢打我。同时他也想当明星，像电影《少林寺》中的李连杰一样的明星。那年，王宝强8岁。当城里的孩子还在爸妈怀里撒娇的时候，王宝强已经只身一人来到少林寺学习功夫了。那时候，他想的是：进了少林寺，就能去拍电影了。

> **士兵突击语录**
>
> “躺到我们站起来，别人不觉得我们少了三分之一。不抛弃，不放弃。生活就是问题叠着问题。”

王宝强在一个朋友的引荐下进了少林寺，交了拜师费，王宝强拜了师父释延宏，住宿伙食全包。入门最初三年是基本功练习。冬天凌晨5点起床，夏天4点，每天都要踢腿、劈腿、马步、虎步。弟子们要准时起床，周一和周二是素质训练，从少林寺跑到登封市区，再返回来，相当于一个半程马拉松。有时，会从少林寺跑到山上的达摩洞，山坡很陡，跑着上去，必须手脚并用爬下来。而这样的跑步，仅仅是拉开韧带的准备活动。上午是训练，下午学习文化课，晚上还要将当天的训练内容复习一次。下盘是功夫的基础，腿功是开始训练的主要内容，每天都要踢腿、劈腿，马步、虎步、扑步，训练量一点一点增加，每增加一次，第二天都浑身酸疼。学武自然免不了挨罚，有时跑步慢了，被师父罚扎马步，一扎就是3个小时。有时徒弟们调皮，释延宏也会用体罚惩戒。

“想想习武的日子真好，根本不知道什么叫累，从山上跑下来的时候，跟飞起来一样。遗憾的是我在少林寺6年，从来没有见到什么‘牧羊女’。”那时候的王宝强天天在师兄们面前嚷嚷着要当明星，借了台相机要师兄帮他拍照，说要留下影像为日后成名做资料。“大家都以为我疯了。我大师兄就说我长得不帅，站着没他高，躺着没他长。其实在我们20个习武的孩子中，还有比我更丑的。他们越说我不行，我就越要去做。对了，那时一起习武的还有释小龙，他成名比我早，我羡慕他，不但和他合过影，还一块打过扑克呢。”那时候，释延宏还是少林寺的一名武僧。如今，他已带着弟子创立了少林寺护寺功夫院。身为少林寺护寺武僧总教头、少林寺第34代功夫传人，释延宏收徒讲究一个“缘”字。

三年后，王宝强开始学习各种拳法套路。学动作、招式很容易，可每个

招式都有很多讲究，比如说出拳，右手出拳要有很快的速度和爆发力，同时左手还要化解对方进攻，抻拳，一抓一钩，把最简单的练好都不容易。

在少林寺的6年中，王宝强只在过年时回过家，父母一次都没去少林寺看他。其间，王宝强写过两三封信，母亲不认识字，当看到儿子寄回的一张相片，剃了光头，穿着和尚练武的衣裳，露着一只胳膊，母亲当即就掉下了眼泪。然而王宝强说，他觉得人生最快乐的时光，就是在少林寺。

遇到生命里的第一个贵人

6年后，14岁的王宝强离开少林寺成了一名“北漂”。身上带着500元钱，来到北京，他和5个人在一个煤场旁租了大杂院里的一间房子，房子年久失修，墙皮都脱落了。为了找活儿方便，他们凑钱买了一个BP机。

第一站是北京电影制片厂。第一天，没找到活儿，晚上被人骗去一家地下室，一张床位，一晚20元。第二天，没有活儿。第三天，还是没有。初来乍到的王宝强，蹲了半个月才等到了第一个群众演员角色：穿着大褂在明清一条街上走一遍，走完下场。

之后很长一段时间，无论怎么等，也等不到一个角色。王宝强学会了在人群里奋力向前挤，学会在人前展示自己少林寺学来的功夫，学会忍受所谓“同行”的冷眼，但机会迟迟不来。后来他才知道，“蹲活儿”也有规矩和技巧，很多有经验的群众演员根本不用整天蹲在电影厂门口，他们认识“群头”，很多挑演员的副导演不去厂门口，而是找“群头”。那时，他个子小，“群头”一来，呼啦啦一帮子人围上去，他只能靠边站：“除非需要的人多，我能去充数，如果需要的人少，几乎是没我什么事。”为吸引“群头”注意，他常常不蹲在马路边，而是选择坐在树上。

他平时在北影厂外“趴活”，能有个群众演员的角色让他演就已经开心得不得了。为了生存他不得不去工地打工，饿了花一元钱

王宝强语录

人不能活得太舒服，太舒服了会出问题。记住一个人的好，总强于记住一个人的坏。信念这玩意不是说出来的，是做出来的！

买五个馒头，吃完了都不敢喝水。因为年纪小，够不上一个工的资格，只能当作伙伴进来时搭配的一个零头，搬砖和水泥干些杂活，一个月领100元。每天累得半死不算什么，梦想的遥遥无期和别人的耻笑才是他心头的痛，“那么多的耻辱，人都是有自尊心的。”虽然外表看来，他是一如既往地自信，“在工地的那些人会说，你不是来北京当明星的吗？怎么到工地来当民工啦？这种时候，我会笑着告诉他们，我现在暂时退出影坛，有一天我还会再进军影坛的。”

王宝强在北京住在农村的大院，每月120元的屋子住10多个人。做一天群众演员15–20元，不过7元他也肯做。“几乎存不下钱，有时候为了见导演，我会步行10公里。从2000年到2002年，我一个电话都没给家里打过，不知道该说些什么，也没脸给家里打电话，因为自己没混出来。我不知道怎么面对父母，往前走全是黑的，你看不到光明，完全就是摸索。”

日子一天天过去，带的钱花完了，没有龙套演的日子，王宝强只能和伙伴去建筑工地打零工，一天25元，包吃不包住。理想没能实现，打击不断袭来。同伴劝王宝强放弃，说你长得不好看，又不是李连杰、成龙，没拿过武术冠军，又没关系，还是回去吧。

《士兵突击》里有一句关于骡子和马的台词，王宝强那时候就知道，自己是骡子，不是马。不是马就得加倍努力，有时偶尔能接到武行的活计：被人扣住手腕，从梯子上摔下去。有经验的老武行是假摔，他是真摔。导演很满意地点点头，说很真实。王宝强摔得浑身都青了。最痛苦的时候，他带着

士兵突击名言

你现在混日子，小心将来日子混了你。不要对没做过的事情说没意义。心稳了，手就稳了。

满身伤，绝望地躺在工地的房间里，望着天花板。

但是，王宝强始终没有放弃成名的念头，他一直坚信自己能成为明星。

终于，他能够正式露脸了，那部电影的名字叫《大腕》，导演冯小刚。“电影有一场戏中戏，葛优喊‘这是拍戏呢，不是拍马屁’，镜头扫过，从前数第二个就是我。”“群头”组织所有群众演员排队请关之琳签名，有一次，葛优还摸了一下他的头，“他用意味深长的眼神看着我，看得我脸都红了。我就在心里想：这么多群众演员，他怎么就摸我啊？”

2002年春天，去一家建筑工地时，王宝强的呼机响了，这是一个改变他命运的呼叫。《盲井》剧组通知王宝强去见导演李杨。之后，他出演了这部电影的男主角，拿到了500元的预付片酬，王宝强带着颤抖和激动，说不出话！李杨是王宝强生命里的第一个贵人。

当拿到剧组给他的2000元片酬后，他第一次给家里打了电话，第一句话就问：“你们都好吧？庄稼怎么样了？”电话那头，家人骂：“这么长时间不跟家里人联系，以为你死了……”电话两端的人，都哭了。王宝强给自己买了部二手手机，剩下的钱全给了家人。“家里当时借了一屁股债，连买几块钱的东西都要赊账。我哥还要结婚，这钱刚好让他把婚结了。之后《天下无贼》的片酬帮家里还了钱。拍电视剧的钱，给家里造了房子。”

《盲井》里有下井的戏，几百米深矿井，要求演员到矿井中拍摄。他演一个矿工。拍戏时经常要下矿井，当时的煤矿老是塌方，很多人都不敢下，王宝强老实，导演让下煤矿就下煤矿，只是心里暗暗叫苦，很多演员都放弃了，而王宝强真的下了井。李杨感慨说，这行里聪明人

太多了，很多人拍电影就是为了成名，为了赚大钱，遇到危险就跑了，可王宝强没跑，这小孩儿行。

在王宝强看来，自己能够得到《盲井》的机会，只有两条：一是坚持，一是相信。王宝强不否认幸运的存在，但他认为除了幸运，自身努力也是很重要的。《盲井》是低成本电影，拍摄中资金出了问题，很多人都跑了，但他没走。

大难不死，必有后福，《盲井》虽然没有在国内公映，却让16岁的他斩获金马奖最佳新人，也让两年不敢跟家里联系的他终于有底气打电话回家了。至今他仍对李杨充满了感激之情，"以后他的片子需要我，就是不给片酬我也会去。"

一扇门打开之后，一切看起来都那么通畅，如同周星驰电影《喜剧之王》的现实版本。

冯小刚看到了《盲井》中的王宝强，觉得这个人的气质和自己新片里的角色很接近，便找到了王宝强。"对我来说，每次机会都是最后一次，我做每一件事情都像是抓着救命草。"回头看傻根，王宝强自己都不相信生活中有这样的人存在，"比起傻根，许三多更现实，而且更接近我本人。拍完这部电视剧，我一直以为自己就是许三多，而娱乐圈就像部队，这个地方不是你说话的地方，只有训练，只有服从。"于是，拍完《盲井》后一直在

干武行的王宝强便成了《天下无贼》里的傻根，也告别了北影厂门口和建筑工地的生活。

王宝强没学过表演，他在片场只有一条，相信导演，导演让怎么演就怎么演。拍《盲井》时啥都不懂，拍《天下无贼》时更不用说，冯小刚那么优秀的导演，按他说的演就没错。

对王宝强来说，每一次机会都是最后一次。他文化程度不高，所有台词，都翻字典来注音。

别的演员是拍一场戏记一场戏的台词，他是提前把所有的台词都背下来，这样方便导演调整。刚开始的时候，记台词要花好久好久，后来记得越来越快。

《士兵突击》奠定了位置

2003年王宝强以《盲井》拿到了金马奖。《天下无贼》拍完，王宝强觉得无以为谢，就从家乡背了一袋小米送给了导演冯小刚。

2007年，《士兵突击》在全国各大电视台热播。“兵王”许三多征服了许多观众。许三多单纯而执着，在军人的世界里摸爬滚打，因为他的笨，让全连队受累；因为他的认真，让全连队为之感动；因为他的执着，让全连队战士为之骄傲。《士兵突击》让观众经历了一场措手不及的情感突击战，男人之间的肝胆相照在隆隆炮火中开出了花。

王宝强说，《士兵突击》是自己

入戏最深的一部戏，许三多是什么样子，自己就是什么样子。《士兵突击》的后半段，人生的残酷真相逐渐向许三多展开，在竞争的压力下，许三多杀了女毒贩，也看到了自己的成功给别人造成的压力。王宝强说，这也是自己一直在想的一部戏。

当下，戏约不断的王宝强在央视年度大戏《烈火男儿》中当起了消防员，为此，他还特意去消防队体验了一个星期的生活，接受了全套训练。谈到在消防队的经历，比如穿消防服、接水管子、爬墙、在单杠上翻跟头，王宝强笑言自己训练时像个笨熊，经常出洋相。

说起武术与电影的关系，王宝强说，自己从小就有拍电影的梦想，学武术也是为拍电影而准备的，希望学的这些东西拍电影时能用得上，有一天能拍个武打片。

付出甘苦

一个曾经的群众演员，却在近两年迅速成为了中国最当红的演艺明星之一，这其间付出的甘苦只有他自己清楚。刚完成电视剧《烈火男儿》拍摄的王宝强，带着自传《向前进》出现在媒体面前。这部自传，可视作王宝强“自导自演”的“青春励志篇”。

他用了半年多的时间完成了5万字的初稿，不断地在回忆里回到自己的家乡，那些旧日往事一幕一幕浮现出来。少林寺学武、北漂时代的地下室、群众演员的苦力生涯、累死累活的农民工生活、从天而降的《盲井》都逐渐清晰起来，他相信那个翻着跟头的自己，将继续一路翻滚着前行。

在自传中，王宝强谈到了他不为人知的家庭：父母就是种地的普通农民，八岁时他看到了一部电影《少林寺》，就想去少林寺学武，可爸妈只希望他老老实实地种地，做个庄稼汉，但无论怎么管教他，他最后还是决定离家出走，离开他们时他哭着说："我真不想种一辈子地。"就是这个决定改变了王宝强的一生，对他来说最快乐的一段时间就是在少林寺的生活，作为少林俗家弟子学武，曾经和师弟打架差点掉下山去，也为了过一个生日被师父狠狠打了一顿而发誓"报复"师父……不过这段生活让他学到了很多东西。

名人名言

人在最绝望的时候才会尽最大的努力！

不抛弃，不放弃，所以我们就是钢七连！想到和得到，中间还有两个字，那就是要做到。

自传中既有成长的欢笑也有泪水，后来到北京后住进了地下室，以为能拍到电影，却发现得天天蹲活，在北漂时代和许多人一样碰到过骗子，也结识了朋友。

最后在生活的压力下，不得不成为一个每天只挣25元钱的农民工，当时他曾想过回家，但为了赌这口气他咬牙坚持了下来。

命运是一种神奇的东西，就在一个河北小孩做农民工辛苦得没有时间去想拍电影的时候，《盲井》最终落在了一脸雀斑的王宝强身上。对于自己今后的表演之路，王宝强坦言："可学习的太多了，表演技巧方面我不太懂，接的角色我全是本色出演，是打心眼里热爱，当初看到《士兵突击》的剧本时，我大吼'谁是编剧，我要杀了他'。因为许三多就是我，许三多虽然给人印象就是笨、憨、夯、木讷，但不管怎么样，我还是会这么说，'我就是许三多'、'不抛弃、不放弃'、'今天比昨天好，这就是希望'，许三多的语录，同样激励着让我渡过很多难关。"

对于这本集回忆、日记等为一体的口述自传，王宝强说："它是我成长过程的一个纪念，我想让它告诉每一个心存理想的人，每一个梦想皆能成真。"

第三节　生活剪影

还想回少林寺

作为一名体育爱好者，无论是体操、跆拳道，还是球类项目，都是王宝强的最爱。让他一直不理解的就是："中国武术咋就不是奥运项目呢？如果中国武术能成为奥运项目，我要成为中国武术运动员参加奥运会，为国争光。"

8岁的宝强已经独自搭乘火车踏上了通往少林寺的旅程。据王宝强回忆，少林寺是个磨炼人心志的地方。每天都要重复大量高强度训练，从清晨的长跑、压腿到入门功夫五步拳、七步拳；马步训练一扎就是三个小时，如果坚持不下来，后面的长棍马上就落到屁股上，疼得咬牙跺脚；如果练功不专心，挨打是常事。有一次因为王宝强过生日，请假没被师父批准，于是就带着情绪练功，师父一腿把他踢倒在地，疼得他连哭都忘了。现在回忆起当时的少林生活，便有一种忆苦思甜的感受涌上心头。"如果可以，我还希望能回少林寺找一找当年的感觉。"

谈到2008年奥运会，宝强眉飞色舞，"我喜欢看体操，喜欢看武术，喜欢看跳水，其实我哪项都喜欢看。"宝强一脸孩子气地说道，"我最喜欢刘翔了，希望这次他还可以为我们中国争光，夺得世界冠军。只是，听说这次有一个古巴的运动员很厉害，他打破了刘翔的世界纪录，我更要为

刘翔加油。”

忙碌的生活

王宝强很忙，2008年，除去受雪灾影响未能举行的湖南卫视春晚之外，他一共接下了央视、湖北卫视、上海东方卫视等五个春节晚会。王宝强也很火，在连一首歌都要四个人同唱的央视春晚上，他一个人破天荒地出演了小品《公交协奏曲》和《农民工之歌》两个节目。“这真是挺荣幸的，小的时候总是在过年的时候早早坐在电视前看春晚，从来也没想过自己能有一天站在这个舞台上。”群众演员兼农民工出身的王宝强还没有习惯自己的明星身份。“2000年来北京的时候买的是站票，没少被别的旅客翻白眼，当时想，有一天有钱了，一定买张坐票。现在，飞机都快坐烦了。”

在前年农忙的时候，王宝强还回到河北农村家中帮忙收玉米，而现在显然已经不行了。2006年底开始首播的《士兵突击》让王宝强一夜间红遍大江南北，王宝强的新戏《烈火男儿》已经拍完了，《李米的遭遇》可能要拿到柏林影展，此外还有电影《天才乡巴佬》和《大胃王》等。

而在演戏之外，王宝强也开始尝试唱歌，制作了单曲《有钱没钱回家过年》。在广告方面，王宝强接下了汇源奇异果王、东风小康、金博士种业等多个广告代言，代言身价也已经在七位数以上。而据华谊兄弟时代文化经纪有限公司合伙人费麒介绍，在2008年，王宝强有两三部电影作为主角在谈，歌曲会再做一两首单曲。

如果说以前人们心目中的王宝强是“傻根”，那么《士兵突击》中的“许三多”就是他今天的标志。王宝强在现实中诠释着许三多式的草根成功之路。

拼搏音乐

《乡下住着咱爹妈》——草根的亲情。一切都无需多言,这是你我身边最熟悉的情景,歌词虽然口语化,但关于父母亲情的所有诠释都包含其中。歌曲中同样搭配童声儿歌念白,与王宝强刚强、豪迈的声音形成对照,在王宝强的阳刚之气中加入一丝柔和,一丝童趣。王宝强的演唱延续了一贯的风格:真挚坦白,淳朴豪迈。

《势不可挡》——草根英雄的出世,一改王宝强以往的平民化路线,词曲充满了浓郁的武侠色彩。没有了小人物的期期艾艾,充满了龙啸九天、英雄出世的豪迈!千锤百炼始成钢,回头遥望,万般艰难险阻化作坦途,势不可挡!昔日年少轻狂,怀抱希望,一路披荆斩棘,虽艰辛却毫不退让。光阴似箭,点滴的积累终于破茧成蝶,铸就一条好汉,笑看世间变换!天地任我去闯,豪气势不可挡!

歌曲曲风简单却不缺少魄力,歌词直白却不缺乏豪迈。整体旋律一气呵成,犹如行云流水,朗朗上口,让人意犹未尽。歌曲开篇便抛出高潮,让人为之一振,随后忽然笔锋一转,用精简明了的语言徐徐道出成就大侠之路的艰辛与崎岖。音乐配器上间奏的二胡是一个亮点,有力而不乏温柔,含蓄地表现出传世英雄侠骨柔情的特点。王宝强在歌曲中有着不凡表现,展现了自身自小习武以及天生敢打敢拼的男人本色,无论从唱功还是演绎上都完美诠释了一代大侠从默默无闻到攀越巅峰的艰辛旅程。

> **名人语录**
>
> 过日子就是问题叠着问题,我们唯一能做的,就是面对这个问题。诚恳地说,我做人的信条就是好死不如赖活着,活下去才有战斗力。

《出门靠朋友》——草根的友情。“在家靠父母,出门靠朋友”,这是一句中国古老的俗语。开篇也引用一段关于友情的童声的儿歌念白,并以雷琴模拟拉弹出孩子的笑声,为歌曲增添几分趣味。歌曲通篇运用最通俗、最生活化的语言。就像两个好哥们

儿平时聊天那样，简简单单，但充满亲切感。配合歌词简单、口语化的风格，歌曲也采用朗朗上口的大众化风格。而王宝强的演绎依然是那样耿直、爽朗、执着、坚强。

出门在外，远离父母亲人，遇到挫折灰心丧气的时候，是朋友的鼓励让自己可以坚持下去。上层社会的人可以靠“关系”，而草根们的友情，似乎更为纯正。朋友是草根们实现理想不可缺少的元素，彼此分担喜怒哀乐，成为进步的动力。虽然不能经常见面也时时惦记，“朋友就像那好酒，越喝越上口”。这也是“朋友”一词最简单最真实的诠释。王宝强今天的成绩，离不开昔日朋友的帮助，因此这首歌也是王宝强向朋友们的一首致敬歌曲。

《有钱没钱回家过年》——草根的漂泊。这首歌已经广为传唱，是王宝强音乐之路的开山之作，讲述的是他多年来在外打拼的辛酸经历。一个人独自在外闯荡，身负家人的殷切期望，忙碌一年，发现美好的希望化作无奈，没有混出模样，觉得没脸见爹娘。时间久了，终于想通人外有人，天外有天，放下倔强，决定回家看看。有钱没钱，回家过年，家里的那顿年夜饭，成了莫大的慰藉，鼓励自己，明年再努力折腾一番。

这是每个独自在外漂泊的人最最熟悉的感情，一边是自己无法承受的压力，一边是放不下的倔强。其实天下之大，不如意事十之八九，王宝强告诉一起漂泊的兄弟姐妹，不如释怀，回到家的港湾，好好调整自己，年后又是一个新的起点，可以再次扬帆。歌曲开篇便抛出高潮，让人为之一振，随后忽然笔锋一转，讲述了在外的诸多艰辛。歌曲旋律充满浓郁的中国气息。“有钱没钱，回家过年，我知道你想衣锦把家还。有钱没钱，回家过年，家里总有年夜饭。”这段合唱的高潮反复出现，有如醍醐灌顶，充满知己意味和家的温馨。

第三章　相声奇人郭德纲

郭德纲传奇

郭德纲是中国相声界的奇人，赢得了相当多资深相声迷的狂热追捧。他以精通老段子出名。他的基本功相当扎实，他有自己的剧团，取名“德云社”。从某种意义上说，郭德纲就是今天民间相声热的主要原因，天津相声茶馆的火爆与他有着很大的关系。

第一节　走近人物

郭德纲，相声和电视剧演员、电视脱口秀主持人。1973年生于天津，自幼酷爱民间艺术。

1979年，6岁的他跟随天津评书艺人高祥凯学习评书，8岁投身艺坛，先拜评书前辈高庆海学习评书，三年后，跟盲艺人王田雨学西河大鼓，后跟常宝丰等天津艺人学相声，一直学到15岁。

2004年10月，拜相声演员侯耀文为师，得到多位相声名家的指点、传授。其间又学习了京剧、评剧、河北梆子等剧种，辗转于梨园，这些经历对丰富他的相声表演起了十分重要的作用。通过对多

种艺术形式的借鉴，逐渐地形成了自己的表演风格。2005年底，在网络与媒体的相互作用之下，郭德纲借势风云突起，凭借着自己多年的磨炼锤打，一跃成为现今相声界演员之中的佼佼者。

2006年12月拜中国四门抱曲艺大师金文声为师。

对口相声

多年来郭德纲不仅创作了许多令人记忆深刻的新作品，同时继承了大量传统节目，不断地整理、演出许多传统节目，在录制节目的后台还在整理传统节目的资料，令人欣慰。

郭德纲2012相声：《2012我要幸福》《我要穿越》《你要出轨》《郭家菜》《情义谱》《好好学习》等。"我"字系列作为郭德纲经典的代表作品，也是郭德纲成名的相声系列。

我系列：《我这一辈子》《我要上春晚》《我要奋斗》《我的大学生活》《我是黑社会》《我要反三俗》《我要结婚》《我要幸福》《我要闹绯闻》《我要旅游》《我要唱歌》《我要穿越》。

你系列：《你这半辈子》《你要锻炼》《你压力大吗》《你得学好》《你要做善人》(《你本善良》)《你好，新北京》《你得娶我》《你要折腾》《你要高雅》《你要唱歌》《你是我的玫瑰》。

怯系列：《怯大鼓》《怯生活》《怯跟班》《怯洗澡》《怯拉车》。

图系列：《五红图》《叫卖图》《富贵图》《得胜图》《八猫图》《善恶图》《求子图》。

学系列：《学大鼓》《学梆子》《学叫卖》《学聋哑》《学电台》《学西河》《学评戏》《学小曲》《学跳舞》《学抽烟》。

大系列:《大登殿》《大串烧》《大审案》《大保镖》《大娶亲》《大禹治水》《大相面》《大上寿》《大福寿全》《大米粒》。

论系列:《论梦》《吃论》《赌论》《窑论》《论捧逗》《色论》《论五十年相声之现状》《五毒论》等。

单口相声

长篇:《济公传》《丑娘娘》《白宗巍坠楼》《辛十四娘》《皮凤山招亲》《皮凤山发财》《大话刘罗锅》《枪毙刘汉臣》《蒸骨三验》《善恶图》《解学士》《王半仙》《刘公案》《皮裤胡同凶宅奇案》《桃花女破周公》《张双喜捉妖》等。

中篇:《聊斋之鸦头》《枪毙阎瑞生》《白小平上坟》《大隋唐》《蒋兴哥重会珍珠衫》《波斯寻宝》(与王月坡合作,郭德纲表演下回)、《聊斋之王成》(与王月坡合作,郭德纲表演下回)、《大闹四美堂》《双槐树》《木莲救母》《枪毙任老道》《探地穴》等。

短篇:《蜂麻燕雀》《黄金梦之反复小人》《宋金刚押宝》《古董王》《张广泰回家》《化蜡扦》《教子胡同》《熊掌宴》《小神仙》《摇煤球》《珍珠翡翠白玉汤》《大禹治水》《小淘气》《姚家井》《祭天》《范家店》《儿比父大一岁》《可鹄进京》《开殃榜》《调寇准》《穷富论》《马寿出世》《水浒之宋江发配》《水浒之巧入江州》《水浒之大闹江州》《水浒之劫法场》《水浒之武大郎》《百兽图》《白犬坟》《婴宁一笑缘》等。连载:《今古奇观系列》。

曲艺作品

曾录制350集评书《梁山好汉》,由山东卫视播出。出版《单口相声小段精粹》。

策划运作《千禧新春曲艺名家名段欣赏晚会》。2004年录制百集单口相声《大话刘罗锅》。投资拍摄《中国地方戏失传剧目大观》

影碟系列。主演评剧《铡判官》《王华买父》《阎罗锅抢亲》等。《忠臣不怕死》之刘墉、《未央宫》之韩信、《黑驴告状》之包公。

影视作品

曾创作大型休闲喜剧《正德皇帝下江南》、20集青春偶像剧《优美情人》、百集系列片《俗语传》、电视电影《麦田往事》《笑面人生》、20集电视剧《寻人档案》、20集系列片《井陉拉花》。1998年拍摄电视艺术片《话说北京》。1998年编剧并出演男一号《非常档案》。1998年任中国教育电视台《美食故事》主持人兼编导。1998年为北京艺飞鸿影视公司编写20集情景喜剧《非常时期》。1998年编创20集电视剧《中国艺人》,由广东岭南影业中心拍摄。2003年主持安徽卫视《超级大赢家》。

2005年主持安徽卫视《剧风行动》。2005年客串《地下交通站》,和于谦出演食客。

2006年主持北京电视台《星夜故事秀》。2006年主演情景喜剧《小房东》100集。2006年客串《北平小姐》,与搭档于谦一起出演。2006年客串《第601个电话》(导演:张国立;监制:冯小刚)。

2007年主持天津卫视综艺节目《笑傲江湖》。电影《落叶归根》中客串劫匪。主演情景喜剧《追着幸福跑》60集。

2008年主持辽宁卫视《到底是谁》。

2009年参演《扈三娘与矮脚虎王英》,合作演员有曾宝仪、高虎等。古装相声贺岁剧《天生我才》(春节期间播出)。电影《建国大业》客串为代表们照相的师傅;电影《大胃王》饰演奸商八哥。主持《优酷牛人盛典》。

2010年主持天津卫视主持综艺节目《今夜有戏》。主演天津卫视古装喜剧《清官巧断家务事》、续集《郭县令轶事》。电视剧《知县叶光明》又名《县长老叶》，主演：郭德纲、于谦、林心如、陈乔恩、金巧巧、姜超。自导自演电影《三笑之才子佳人》，饰演唐伯虎。电视剧《我是大侦探》，主演：郭德纲、于谦、史妍、于月仙、牡丹、曹鹤阳等。电影《战国》客串周烈王。电影《歌舞青春（中国版）》客串。电影《越光宝盒》客串曹操（男扮女装成为影片一大亮点）。电视连续剧《窦天宝传奇》（原名《相声演义》、《相声传奇》）制作完成，在各大卫视播出。电视剧《幸福的旅程》，主演：郭德纲、刘金山、姜超、冯静。情景喜剧《鸡毛蒜皮没小事II》，主演：郭德纲、姜超、史妍、冯静、蔡明、于谦等。主持辽宁卫视综艺节目《你好达尔文》。开年山东体育频道、湖北体育频道、新疆电视台体育健康频道、江西电视台6套、内蒙古电视台7套、湖北卫视与几十家地方台播出《德云喜乐汇》。

2011年主持江苏卫视全新益智答题脱口秀节目《非常了得》，主持天津卫视《老郭讲水浒》。在大型古装穿越电视剧《梦回唐朝》中饰演殷浩，参演电视剧《胭脂霸王》（正在拍摄中），担任天津卫视《笑傲江湖》节目总策划兼评委，主持辽宁卫视《有话好好说》节目，主持《优酷牛人盛典》，在电视剧《大宅门1912》中饰高静阶。

2012年在江苏卫视春节特别节目《不得不笑》中担任评委。在电影《车在囧途》中饰郭立行。在电影《嫁个100分男人》中饰饭店老板。主持山东卫视周播大型戏

"7·23"事故死难者悼念词

"车无辙，马无鞍。雷无电，炮无烟。人无信，道无边。天无语，地无安。忍看江河水流断，不忍稚子唤亲单。纸钱三片，心香一瓣，且悲且叹且无言，伤残复伤残。"

曲文化秀《金声玉振》。主持由优酷2012年度全力打造的一档音乐真人秀活动《我是传奇》。主持爱奇艺全新推出的评论性脱口秀节目《以德服人》。主持广西卫视大型新民歌选秀节目《一声所爱·大地飞歌》。主持广东卫视和新浪网同步播出的奥运特别节目《奥运大锅饭》。

海外商演

2011年10月15日、16日，郭德纲率领德云社部分演员赴澳大利亚演出。

2012年6月，郭德纲赴加拿大进行商演，29日在温哥华演出，7月1日在多伦多演出。

改革开放以来，中国曲艺界多次以慰问交流的形式出国演出，此次也是中国民间相声团体首次出国进行正式商演。分别在悉尼和墨尔本演出两场。

4000多华人见证了这具有历史意义的“百年破冰，万里结缘”的相声盛宴。2011年10月18日，德云社悉尼商演成功，郭德纲微博难掩喜悦之情，受到网友力挺。

第二节　成功之路

三次进京路

“当时全国都兴到北京来发展，是条好狗都要到北京来叫叫。”郭德纲说，他这条“好狗”，前后来了三次北京。

1988年春，15岁的郭德纲跟着一个朋友去北京报考全国总工会文工团，他不知道，他们和千千万万类似的“好狗”有一个统一的称谓：“北漂”。朋友在团里有些关系，两个人也还算顺利地留在团里，偶尔也能去四川、河南演出。

“有个正式单位，有固定薪酬和住所，定期有演出，慢慢积累些关系，认识几个大腕，跟着上电视、上晚会，每个月能收入八千一万的。”初到北京的郭德纲对未来的想象力也不过如此。

郭德纲没有想到，一年之后的1989年，就在他的人事关系马上要被调入全总文工团的时候，北京统一规定：外地户口必须返回原籍。郭德纲没有例外地被打回天津，分到一个文化单位接着搞曲艺。

6年平淡、无聊的生活后，郭德纲决定二次上京，想象着能找回一些“圈子”里的关系，所以信心蓬勃地在前门大栅栏一个小旅馆里开了个床位，15元一天，同屋的还有10多个生意人。“找到关系就搬过去”的想法现在看来太幼稚，五六天过去了，他的“关系”都不愿意跟他产生任何关系，“我又不是来住旅馆的”，郭德纲灰溜溜回到了天津。这时他开始转做生意，只不过做什么赔什么。

生意不成又开始唱戏，跟着戏班子到乡下演出。一次去河北文安表演，演员都借住在老乡家，当地水碱性很重，唱戏要画很浓的妆，到卸妆的时候发现用水根本卸不掉，只能带着花脸睡觉，第二天妆模糊了，只能在旧妆上画新妆，这样油彩在脸上反反复复，没几天脸就被折腾得又红又肿。

“在这里吃苦还不如去北京吃苦”，郭德纲打定主意第三次进京，这时是1995年。

这次郭德纲做足了准备，青塔、大兴，哪里的房子便宜他就住在哪里，只要有演出的机会他就上。最终他找到

郭德纲语录

1.散场大家都别走啊，我请大家吃饭——谁去谁掏钱。

2.这脑仁就松子儿大的个儿，打开脑壳一看，就一碗卤煮。

3. 大伙是愿意听啊是愿意听啊还是愿意听啊？我决不强求。

了一个沙子口的小京剧团，对方答应每月给他1000元，“最起码能有钱吃饭了”。

戏唱了两个月，他一分钱都没有拿到，找对方理论，得到的答复是：“要钱就接着唱，不干也可以走人，但之前的2000元也别想拿到。”郭德纲只好接着唱，有一天演出晚了，公共汽车没了，他打不起车，就从市区走了20多公里，徒步回到大兴的出租屋里。

连郭德纲自己也没想到，转运是从影视圈开始的。当时，北京给他的印象是“人人都跟央视有关系”。他认识了一些“自称是央视编导的人”，开始谈剧本、写策划。

经常是自己的剧本写出来了，对方才拿着剧本去找赞助，电视剧《非常档案》和《正德皇帝下江南》就是他的手笔。

他还做过民间艺术专题、美食节目，拍过果汁广告。郭德纲对影视圈的心得是，“比相声圈好混多了”。

直到有一天，他在北京南城一个茶馆，看见一帮10多岁的小孩在说相声，他一时兴起也站到了台前。小孩问：“你也学过相声？”“我也学过。”郭德纲说，这句问话他等了好多年。

玩票让郭德纲发现，相声是有市场的，于是他开始招兵买马，找到了另外两位相声演员张文顺和李菁，几个人凑在一起开始在北京的茶馆里说相声，就叫“北京相声大会”，听一场10元。

创业阶段几乎任何事情都是一幕惨剧，郭德纲说：“最惨的一次，我们试过给一个观众表演。寒冬腊月，大街上一个人都没有，他们还是站在门外喊人进来，好不容易有个人进来了，可能只是想进来暖和一下身体，台上演员照样有模有样开说，说不到一会儿，这个观众的手机响了，演员就

停下来等他打电话，那个人也不好意思地很快讲完了，我上来跟他说：‘你得好好听，上厕所也要给我打招呼。我们后台的人可比你多多了。’”

郭德纲推行“一个也得演”的方针时，并不知道原北兵马司剧场经理袁鸿也在台下的观众中，更没有想到有一天他会让自己在媒体上成为铺天盖地的新闻主角。

2001年袁鸿正在筹备做台湾赖声川的剧场相声，想扩展到海峡两岸相声交流上去，于是袁鸿开始留意北京和天津的相声。

断断续续看了两年郭德纲的剧场相声之后，袁鸿推荐郭德纲参加了2003年北京相声小品邀请赛，郭德纲为符合“电视相声”标准，花了1个小时创作了《你好，北京》参赛——这是北漂以来，郭德纲的相声第一次跟电视走得这么近。

“可惜决赛他抽签抽中第一个出场，得分并不是很高，所以组委会给了他一个特别奖。”袁鸿回忆说。

不同凡响的生涯

“口口相传”四个字，概括了郭德纲成功的道路，他批评同行，他敢拿春晚开涮，讽刺春晚的近亲繁殖等操作黑幕，其次，郭德纲相声的定位很巧妙。“非著名相声演员”这一称谓用得十分巧妙。他没有名气，甚至成名前他的相声表演连电视也没上过，所以“非著名相声演员”的定位本无可厚非。凭借这几个字，他有效地实现了差异化。

如今电视上充斥的“著名相声演员”、相声表演艺术家们的表演已经让观众们倒足了胃口。而“非著名”给观众带来了全新的感觉，

> **郭德纲语录**
>
> 1.这哥们儿抢了银行开车就上了北三环。下午五点半！警察到的时候在路上堵得正瓷实。
>
> 2.你无耻的样子很有我当年的神韵。
>
> 3.啊？你不知道我？我艺术家啊！我都艺术家一个多礼拜了我。

同时也迎合了现代人反主流、反权威的心态。这使得郭成为了又一个草根文化潮流的代表人物。

郭德纲的相声，不可否认，其师承渊源，博采众长，可以说是全能选手。因为他知道对于一个相声艺人来说，对相声的执著和刻苦的练习是非常重要的。

熟悉郭德纲相声的观众，都能感觉到他的表演嗓音清脆，口齿清楚，台风松弛稳重，不吵不闹，不紧不飘。在长篇单口相声中，语言的表现力好，进出自然，演人物时刻画细致，感情充沛；作叙述时亲切随意，述评清晰。

在对口相声中，他的表演句子紧凑，节奏明快，笑料密，包袱脆，并配有妙趣横生的形体动作，让观众除了听相声以外，不得不去"看"相声。在柳活学唱中，他的嗓音清亮，位置集中，高亢有力，行腔准确。所有这一切，都来自于并表现出他扎实的基本功。

郭德纲是个有争议的人，批评他的板砖和赞美他的鲜花差不多一样火爆。有人指责他的某些作品风格低俗，类似二人转；有人声称他抄袭传统相声名段改为自己的段子；有人还挖掘出他当年与故人的是非恩怨，面对这些争议和责难，郭德纲很坦然地说："什么叫成功？成功就是善于把扔过来的板砖铺成道路。"

想要成功，没有一条道路是平坦的，想干出点名堂不容易，要想获得成功，不受批评、不挨板砖更是不可能的，那些意志脆弱的人，可能会被飞来的板砖砸趴下了，一蹶不起，这也就是鲁迅所说的被"棒杀"了。而那些真正意志坚定的人，会勇敢地面对批评和指责，做到有则改之无则加勉，成功是一种学习的精神，不断总结并最终"他为我用"的过程。尽管每个人的模式都不一样，但面对逆境的能力，决定了你成功的高度。用郭德纲的

话来说，就是把扔过来的板砖铺成自己的前进道路。

32岁走红

那一年，郭德纲32岁。然而，在当年他已经有了25年的曲艺从业经历。在6岁的时候，郭德纲就跟随天津评书艺人高祥凯学习评书。两年后，开始正式学习相声，随后又专业学习了西河大鼓，成为了一名全能艺人。郭德纲学习相声的历程，正好见证了中国相声从巅峰逐渐走向下坡路，当时业界普遍认为，表演相声不挣钱，属于费力不讨好的职业。到了上世纪90年代中期，中国的相声艺术走入低谷，许多相声演员改行去影视界淘金，其中还有不少转型后成为了大腕儿。

面对纷繁的外部环境，时年仅二十多岁的郭德纲非但没有选择“转身”，反而清醒地认识到相声未来的发展方向：民间艺术离不开生存发展的土壤，演员必须走近观众才能得到水乳交融般的互动。相声艺术要生存、要发展必须回归剧场。

郭德纲告诉记者，他一直就觉得自己是为相声而生的。1995年，他来到北京，开始在京城的小茶馆演出，当时的搭档，除了一位退休的老艺人，还有两位备战高考的学生，整个阵容显得很寒酸。

郭德纲回忆起当年的一次演出。那天，演出结束后，四个人没挣到什么钱，其余三人纷纷回父母家“讨饭”吃，唯有他一咬牙从方庄一直走回到大兴。

经典名言

老先生留下来的传统相声总共有一千多段，经过我们演员这些年不断地努力吧，到现在，还剩四百多段了。还有三百段不让说的，还有100段和建设和谐社会有冲突的。

一夜走红台下坐满观众很不适应

虽然郭德纲和德云社成长的道路很艰难，但不知不觉中已经在观众心中打响了品牌。

转眼间到了2004年，郭德纲提议做“濒临失传曲目展演”，没想到观众反响会那么大，演出大获成功。之前剧场里都是观众围着桌子坐，可当天郭德纲和演员们在台上往下望去，看到的都是脑袋，看不见桌子，演员站着演了3个多小时，观众站着看了3个多小时。

这么大的场面，让看惯了冷清场面的演员们觉得很不适应。

当年，有很多人发现郭德纲和德云社日益走红，敏锐地嗅到了商机，开始倒腾起德云社的演出门票了，可是很多“黄牛”并不认识德云社的演员。演员们经常在进门前被“黄牛”拦住，被询问是否要票。

郭德纲还向记者讲述了一件趣事，有一天他刚下车，一个盗版碟小贩就问他：“看郭德纲的相声吗？”

把郭德纲和周围的票贩都逗乐了。

第三节　一如既往的郭德纲

有一名观众也要集体谢幕

“那时的德云社真的是在流浪。”提到当年的窘境时，郭德纲丝毫没有隐晦。他回忆说，1997年到2000年，德云社差不多有一半时间是赔钱的。“台下观众不比台上的多几个，好不容易把剧场热了，每场观众增加到百

八十人，刚刚见到点儿起色，剧场又要加钱，否则就要把他们赶走。没办法，只能重新找演出场所，重新培养观众。

郭德纲说，当时，德云社有个不成文的规定，只要观众满5个人，就得开场演出。

可有时观众席刚坐3个人，剧场就不卖票了，工作人员跑到后台通知德云社演员“今晚不演了，观众人数不够”。当时，剧场工作人员都拿固定工资，不来客人，工作人员能休息，来了客人，工作人员就得换上旗袍，给人端茶倒水。

“从演相声那天起，我就认准了始终要以观众为中心。”郭德纲的话语里透露出了一种执着。

火爆全国　依旧标榜“非著名”

“必须要有真东西。你真得拿观众当自己的衣食父母，你该背的背，该弄的弄。”这是郭德纲在衡量一个专业相声演员时常用的标准。走红多年，郭德纲依旧坚实地走稳每一步，不管在舞台上，还是在生活中，他始终标榜自己是“非著名相声演员”。

和老辈相声演员不同，郭德纲以精通老段子出名却并不拘泥于现有的本子。在他的相声段子里，对现代社会有观察，能在改编传统相声时加入现代元素，既有继承，又有创新，这就使得老相声焕发出新鲜的生命力来。与以往充斥荧屏的强调政治意义和教育作用的相声相比，为大众带来更多笑声的郭德纲无疑是一股新风，这也是他能吸引众多都市白领捧场的主要原因。

凡是听过德云社现场的观众都会被台上台下即兴的互动所吸引，听得如痴如醉，笑得前仰后合。可以说，

郭德纲收徒弟

在《脱颖而出》的节目录制现场，有位自称很喜欢说相声的应聘者希望老郭破例收个女徒弟，相当贫嘴的她一上场就滔滔不绝没完没了，被逼急了的郭德纲严厉喝令应聘者闭嘴：“不要以为能贫就适合说相声，其实相声和主持一样，要懂得收，要学会闭嘴先听人说。”郭德纲还自曝收徒弟标准：那就是“指着相声为生，拿相声当命”。

郭德纲语录

1.住的房子千疮百孔，一下雨算要了亲命了：外边小雨屋里中雨，外边大雨屋里暴雨，有时候雨实在太大了，全家人都上街上避雨去了。

2.你要舍得死，我就舍得埋。

3.大伙是愿意听啊，是愿意听啊，还是是愿意听啊，我决不强求。

郭德纲和德云社的出现将相声从电视里拉回到了舞台上。全国各地各式各样的相声团体如雨后春笋般也都在小剧场生长着。但怀揣着将相声在小剧场复兴之梦的郭德纲，却道出了自己的担忧：“我们这个行业并没有真正的复苏，只有德云社等几个团体的日子比较好过，还有不少团体目前的状况和十几年前的德云社差不多，整个行业还是一片虚假的繁荣。”

当记者问道什么才是相声真繁荣的标准时，郭德纲直言：“少一点点的行政干预，而且将艺人们真正推到市场上去，物竞天择，适者生存。”

在郭德纲和德云社大红大紫的2005年，不少人跳出来斩钉截铁地说：郭德纲这小子就是个“泡沫”，凡是泡沫就会有破灭的一天。8年后的今天，他依然笑嘻嘻地活跃在天桥剧场，依旧说相声收徒弟，不同的是，郭德纲受聘为某曲艺学校客座教授，开起了郭家菜、德云华服，做起了演员、主持人。郭德纲的“泡沫”没有破，反而越做越强，越做越多元。也许在未来的某个段子里，那个曾经的“非著名相声演员”变成了“非著名董事长”郭德纲。

再到大连　严谨敬业让人叹服

“大连欢乐之夜”是郭德纲首次到大连演出，许多大连的观众对当时的火爆记忆犹新，郭德纲和于谦共返场7次，原本22时结束的演出，一直延续到了零时以后。今年，郭德纲和德云社的弟子们再次莅临大连，把最欢乐的笑声带给滨城市民。

演出当晚5时，现场工作人员接到电话：“郭老师从酒店出发赶往会场。”20分钟后，郭德纲准时出现在了世界博览广场的多功能厅。黑色短袖上衣，黑色短裤，宽大的金边墨镜，一副休闲装打扮的郭德纲在众人的簇

拥下颇有“大哥”的风范。

和其他明星大腕到演出开始前才姗姗来迟不同，郭德纲近两年一直保持着提前两小时抵达演出场所的习惯。在短暂停留后，郭德纲走到了台前，仔细地查看了各部门的准备情况，并指挥工作人员调整了音响的位置和现场道具的摆放。

“这么着！”在一切安排妥当后，郭德纲用简短的三个字宣告了演出筹备妥当。随后，他就一头扎进了休息室，专心进行演出前的准备。面对工作人员合影的要求，郭德纲歉意地表示，演出前要专心准备，等到结束后可以找他合影。这或许是郭德纲走红近十年的一个缩影——投入100%的精力对待每一场演出。

当晚的演出同样是意料中的火爆，在经过6次返场后，郭德纲带领全体演员唱起了德云社社歌《大实话》，随后鞠躬谢幕。走到后台的郭德纲，在与弟子们一一击掌庆贺后，迅速换下了演出服，着急地招呼身边的工作人员：“刚才都谁要合影，快过来，大家等一晚上了。”

面对“纲丝”的合影要求，郭德纲一一满足。而此时，已经过了零点。面对每一位合影的人，他都会率先问上一句“你好”，让人感觉一下子和“相声大腕”拉近了距离。

在郭德纲离场的时候，后台的一位工作人员焦急地喊道：“郭老师，我也想和你合影，我都等你一个晚上了！”听到喊声，正准备上电梯的郭德纲迅速转过身，特地找了一个光线比较好的地方满足了对方的要求。

走出世博广场，雨依然淅淅沥沥，成功完成了演出的郭德纲带领德云社的弟子们来到了一家普通烤肉店享用夜宵。在那一刻，郭德纲真正显露了“非著名”的身份，只是不知烤肉店的工作人员看到“相声大腕”前来就餐会做何反应。

在登上返回北京的飞机前，郭德

郭德纲语录

1.从今儿起，我吃龙虾再也不就饼了。

2.手榴弹要是一块钱六个，我先扔你一百块钱的，法律要是不管，我早打死你了！

3.这小伙子长得，把脸挡上跟个演员似的……

纲用演出中常说的8个字概括了对大连的印象——物华天宝，人杰地灵。

第四节　名人特写

名人微博

2011年10月15日下午，郭德纲发微博称，“在墨尔本三天，感觉很好。总领事解释‘德云’二字为德艺双馨义薄云天，诚惶诚恐愧不敢当。主办方又道已经出现黄牛倒票，此乃澳洲华人演出史上第一次！我点点头：‘正常，我是商演。’”当晚，郭德纲又发微博庆祝演出成功：德云社成立15年庆典墨尔本站演出圆满成功！市政厅内2000座位座无虚席。2012年6月30日温哥华演出结束后发表微博：“德云社全球巡演加拿大温哥华站圆满成功！凭能耐吃饭，走遍天下不亏心。感谢现场几千观众的热情，你们使我坚定了信心。你们也见证了中国相声史上的又一次奇迹，本场票价及演出场所为华人商演历史最高记录。我为自己、为德云社、为中国相声骄傲！”

7月2日商演结束后郭德纲发布微博：“德云社巡演多伦多站圆满成

功！今晚演出很奇妙，竟然有了小剧场的感觉。与谦哥的配合相得益彰，极其妥帖。总之，加拿大已经成为相声商演必经之地。期待接下来的奥克兰、悉尼、墨尔本、东南亚、英国、意大利、美国等海外各站。相声的明天会很美好，我相信这一点。”郭德纲演出成功，不仅“纲丝”们欣喜，名人们也支持。黄健翔就称赞：“票房是检验艺人的唯一标准。”

获得荣誉

“《新周刊》2011中国电视榜”——最佳娱乐秀主持人：郭德纲（《非常了得》《今夜有戏》）

2012福布斯中国名人榜第32位

2012华鼎奖“中国演艺名人公众形象满意度调查”——中国最佳曲艺男演员：郭德纲（提名：郭德纲、黄宏、单田芳）

第四章　不可复制的李玉刚

人物评价

农村出身，草根歌手，流浪艺人，曾经面对各种异样的眼神，十年时间不敢告诉家人自己在干什么，直到一举成名。他是继宋祖英之后第二个登上悉尼歌剧院的中国人。他被誉为四大名旦之后，中国京剧旦角的后起之秀。他在舞台上游刃有余地穿梭于男人和女人之间，他把民歌、舞蹈、戏曲完美地融为一体，他以其独特的表演形式和强烈的视听冲击征服了亿万观众。

第一节　走近人物

李玉刚生平

李玉刚，一位来自吉林省公主岭市农村的小伙子。中国歌剧舞剧院国家一级演员、全国青联委员、青年表演艺术家，当红男旦。他在舞台上游刃有余地穿梭于男人和女人之间，其表演将中国民族艺术、传统戏曲、歌剧辅以时尚包装，被海外媒体称为“中国国宝级艺术家”。

李玉刚的母亲自幼笃爱东北地方戏二人转，因家庭的熏陶，李玉刚幼时便展现出极强的艺术天赋，精通地方戏曲。1996年，李玉刚因家庭条件困难而无

法进入吉林省艺术学院戏剧系攻读文艺编导专业四年制本科，只身前往省会长春及其周边地区谋生。1998年，前往西安谋生，因一人分饰两角，演唱男女对唱歌曲而在当地小有名气。其后偶然接触到了京剧中的男旦艺术，并对此产生兴趣。从此一边演出一边求学，潜心钻研。

2006年8月，因参加选秀节目《星光大道》获得年度季军而一举成名。以超高人气成“无冕之王”。2006年10月，李玉刚在韩国首尔举办的第八次中韩歌会上大放异彩。

荣誉记录

2006年获星光大道年度季军；

2009年获“南十字多元文化贡献金奖”；

2009年度娱乐星锐榜，李玉刚获最佳人气星锐奖。

2010年入围“免网杯”中国文艺网络奖(中国网络代表最高荣誉)最佳歌手候选人。

2011年2月12日，获颁“十大孝子”。第五届中国演艺界十大孝子颁奖盛典在北京举行，李玉刚同冯远征、雷恪生、汤灿、朱时茂、王静、于震、杜旭东、李晨、闫学晶一起获孝子奖杯，当晚李玉刚是第9个上台领奖的演员，在现场主持人的要求下，李玉刚现场为大家清唱了一段小时候妈妈哄他玩、哄他睡觉的《摇篮曲》，除了温情暖暖的《摇篮曲》，当晚李玉刚的获奖感言也同样感人肺腑：其实自己就是普通的凡人，因为在镜头出现的机

会比较多，所以起一个榜样的作用，孝心是人类最普通的一种交流方式，是小对老的一种传承。

有孝心的人，他的生命、他的生活、他的事业一定会成功，没有孝心的人他的生命、他的生活、他的事业永远不会成功，我感觉这是一个亘古不变的真理！

2011年4月26日，凭借多年来对公益慈善事业的支持和参与，荣获2011中国慈善排行榜“年度慈善明星”。

大事记述

1998年开始演艺生涯，一次偶然的机会接触了戏曲男旦艺术，从此一边演出一边求学，潜心钻研。

2005年春节，李玉刚随中国“玫瑰钻石表演艺术团”赴欧洲巡演。

跨界合作

2010年尾，两人跨界合作的一首流行歌曲《兰花指》，在内地网络上受到广泛的关注和好评，MV中由李玉刚跨声演出，将京剧的唱腔融入歌曲当中，并由粤剧名伶文雪裘小姐在MV中指导谢安琪兰花指的指法，MV里更是有一幕文雪裘小姐执起谢安琪双手，一起做出兰花造手的画面。

2006年获星光大道年度季军，是演艺事业道路上的一个重大转折，从此为全国人民所熟悉。

2006年10月代表中国歌星参加在韩国首都首尔举办的第八次中韩歌会。

2007年2月代表中国艺人参加在澳大利亚悉尼歌剧院举办的“相约中国节”；5月李玉刚在北京北展剧场举行“凡花无界”个人演唱会；12月2日李玉刚在长春开个人演唱会；12月22日代表中国方面参加“爱·和平”中日艺术家交流演出。

2008年2月3日，大连电视台春节特别节目——久久合家欢凡花无界李玉刚演唱会；4月26日在纽约参加“2008联合国之春文化节”演出，并被颁予“世界和谐大使”的称号，李玉刚长绸长度24米被载入大世界吉尼斯纪录。

2009年2月23日，李玉刚正式加入中国歌剧舞歌院；3月吉林省授予李

玉刚“国家一级演员”称号；7月28日举办“盛世霓裳——2009李玉刚悉尼歌剧院个人演唱会”，成为继宋祖英之后第二个登上世界顶级艺术殿堂悉尼歌剧院开个唱的中国人，被颁予“南十字多元文化贡献金奖”。

2010年1月8日至10日李玉刚在北京保利剧院连续推出三场全新概念的“镜花水月新春演歌会”座无虚席，盛况空前；3月29日深圳发展银行北京分行成立十周年李玉刚“镜花水月”专场演唱会在北展举行；上海世博会期间担任吉林省世博形象宣传大使，李玉刚作为世博明星值日生出现在世博北京活动周；5月2日李玉刚“镜花水月”全球巡演首站在北京人民大会堂举行；5月29日李玉刚“镜花水月”演唱会全球巡演第二站在上海大舞台（上海体育馆）成功举行；7月3日李玉刚“镜花水月”演唱会全球巡演第三站在南京人民大会堂成功举行；8月27日至29日李玉刚在日本东京艺术剧院连续推出三场“镜花水月”演唱会，日本国宝级大师坂东玉三郎到场观看。9月22日李玉刚参演金秋文艺晚会《贵妃醉酒》《岭上公主》在吉林省公主岭市举行；12月31日至2011年1月1日李玉刚参加深圳卫视跨年演唱会。

2011年1月2日“镜花水月”2011李玉刚北京大型演歌会。2月17日李玉刚参加湖南卫视的元宵晚会，献歌《镜花水月》。3月31日李玉刚参加真维斯娱乐大典，现场与龚琳娜互相学唱。4月2日李玉刚参加电视剧导演年会，现场献唱《百花深处》主题曲《花满楼》。4月5日李玉刚参加江苏兴化大型水上实景演出，现场演出《新贵妃醉

知情人士评价

“李玉刚的成功源自他永不言败的品格和善于捕捉机会的智慧。”

酒》等。5月1日李玉刚参加江苏南京弘阳集团璀璨星光演出，演唱《新贵妃醉酒》等。5月3日李玉刚和他的朋友(凤凰传奇、旭日阳刚等）参加江苏常州武进淹城演出，演唱《新贵妃醉酒》等。5月30日李玉刚参加2011维也纳皇宫中国书法音乐会庆祝中奥建交40周年。6月6日李玉刚参加湖北宜昌长江三峡国际旅游节举行的“三峡恋”演唱会。8月10日李玉刚参加中国·瑞昌首届鄱阳湖龙虾节“博大精深”大型文艺晚会。9月24日李玉刚参加家乡公主岭举办的“玉米之乡、活力岭城”大型文艺晚会。9月26日李玉刚参加“激情唱响新滨海,群星璀璨金元宝”大型群星演唱会。10月28日李玉刚参加华彬金桂湖低碳示范区开工庆典大型文艺晚会。11月20日参加《逐梦令》南昌中国风演唱会。12月25日参加“李玉刚和他的朋友们”无锡演唱会。

2012年3月23日李玉刚出席了三亚联盛群星演唱会,4月8日参加“李玉刚和他的朋友们”太原演唱会,8月23日参加湖北郧西第三届天河七夕文化节演出。

个人生活

李玉刚从小就喜欢林黛玉,特别喜欢那种幽怨的眼神,当时就想如果找老婆就找这样的人。但他的前女友范小宁却很现代,非古典美人。李玉刚和范小宁是在一次演出中一见钟情的。

范小宁是中国最早的女萨克斯手之一,出身音乐世家,叔父是著名萨克斯演奏家范圣琦。

在星光大道年度总决赛上,李玉刚把她的女朋友带到了舞台,两人

共同演绎《绒花》。范小宁可以说是个流浪的女萨克斯手，最艰苦的时候，范小宁睡过工地的简易窝棚，也曾在公园露宿，是不断的坚持，让她从一个伴奏者成为了民间舞台竞相聘请的独奏演员，还被邀请到欧洲演出。走江湖挣下的钱，范小宁不买房子不置产，而是用它买了四把不同音色的顶级萨克斯。尽管她和李玉刚的恋情已经公开，但她并没有决心就此放弃为艺术而“流浪”。

李玉刚谈范小宁：她是我的良师益友，她是一个对音乐非常执着的人，因为她是音乐世家、文艺世家，所以她受的熏陶比我要多，她生在北京，我在东北的一个农村长大，我小时候受到这方面的熏陶比较少，只是通过我母亲口传心授地唱一些地方的二人转那些小曲，来感觉音乐。她对我帮助很大。

范小宁谈李玉刚：他在台上台下就像两个人，台下他是很阳刚的李玉刚，心地善良，热心。在台上我就觉得不是他了，他漂亮、妩媚，我把他当作艺术来欣赏。

从自己的草根经历到《星光大道》获奖，再到进入国家院团，李玉刚一路走来经历了不少坎坷和风波。他说：“我感激这么多的有心人和前辈在我最困难的时候帮助了我。就拿王昆老师来说，我去见她的时候是我最困难的时候，见到她以后就像见到亲人，而她也愿意帮助年轻人分析，哪些我不应该做，那次我不知道怎么回事就在她家痛哭了一场。前辈们的教诲是成就我艺术的最大动力。”

李玉刚名言

1.担子在一个人身上，感觉自己很难抗。

2. 当你把它做得非常圆满的时候，你做梦都是笑的，特别充实。

作为一个出生在农村的青年，他了解农村的疾苦，他的心时时刻刻都关注着农村。从1999年起，他就开始资助山区6个面临失学的孤儿和一个孤寡老人，用他的话说：“我有能力，就要帮助他们。”那时，他甚至连自己家的

彩电都没买。他还一直用原名李刚资助几位贫困大学生，其中包括一位北京大学八年硕博连读的大学生。他希望在将来有能力的时候，在农村建立一所名为“钢丝小学”的希望小学。

在2008年的汶川大地震中，李玉刚不仅自己慷慨解囊，以个人名义捐出11万元，还代表钢丝及工作人员共捐出16.2万元。此后更是去往四川看望灾区儿童，为重建贡献出自己的一份力量。2010年，玉树灾害中，慷慨捐资10万元；家乡吉林省水灾中，捐资10万元。此外，他曾多次参加各类义演活动。2008年8月21的马来西亚义演，更是颇受好评，被马媒体“惊为天人”。其代表作《新贵妃醉酒》更是在2008年被选为第十七届中国金鸡百花电影节的背景音乐。

第二节　艰辛成功路

出名前的十年坚持

当年，李玉刚也曾在歌厅里面端茶送水，仰望别人的精彩演出。一次偶然的机会，他顶替一个女歌手唱了几局《为了谁》，赢得好评。此后，在别人的劝说下，他开始了边扫地、演小品，边演出唱歌的日子。当时，他只是舞台上的演员里最不起眼的一个，在后台只有最墙角的位置属于他。就像电影里的群众演员，连跑龙套的都算不上。《为了谁》算是李玉刚的成名曲，从此以后，他找到了一条和其他歌手完全不同的路。

也就是那次意外的成功演出，使李玉刚更加坚定了从艺的信心，并萌生了男扮女装演出的想法。第一次男扮女装上台的经历是难忘的，在经过一番精心准备后，乔装打扮的

李玉刚对自己说

1.原来认为我不行，其实是我没有尝试，试过了，会行的！

2.对艺术重新认识，对自己重新认识！

李玉刚登台了，然而唱和演毕竟是两回事，加上李玉刚的化妆技巧不佳，扮相很难看，结果一出场竟被来消遣的人们用身边的水果等物品一顿袭击，愣是砸回了后台。然而有着不屈性格的李玉刚不仅没有放弃，反而萌生了新的想法。他经过反复思考，最后认定，人们能够接受自己女声唱法的声音，不接受男扮女装的表演，说明自己选择男扮女装表演的思路没有错，关键是表演欠佳，需要全面提升。于是，李玉刚给自己的未来做了一个大胆的规划，一定要在男扮女装的表演上闯出一条属于自己的路。虽然经常感觉未来十分渺茫，但他始终在坚持。

在成长的路上，可怕的不是没有劲头，而是没有方向。在一次次挫折与失败之后，李玉刚幸运地找到了自己的方向。随着男女声混唱的成功，老板给李玉刚介绍了一位老师，西安名旦马洪才。在马洪才那里，他开始真正学习国粹艺术，梅兰芳成了他心中的偶像。有了偶像作为标杆，有了老师言传身教，有了观众的支持认可，李玉刚似乎已经看到远处那个能够拥有自己"粉丝"的偶像级明星。

然而，问题马上就来了。在马洪才老师看来，唱旦角不能穿一般歌手的演出服出场，那是对艺术的不尊重。这一点，李玉刚是认可的，这也是他开始理解国粹艺术的第一步。可马老师亲自化妆男旦扮相出场的李玉刚，第一次登台就被老板喝止：这不是戏院，这样的扮相太吓人了。李玉刚左右为难，苦思之后，他决定自己塑造一个全新的、与传统戏曲扮相不同的、观众能接受的旦角形象。他买来了各种服装时尚类杂志，学着上面美女的形象打造自己。抛弃戏曲用的油彩，去商店买来化妆品，一笔一笔描眉、抹口红、上粉底；到布料商场，摸布料的手感、看颜色、问材质；去服装设计店，自己设计服装造型。

如今，李玉刚比大多数的女孩子都更了解、更会使用化妆品，他还能

够认出上百种布料的材质，说出它们的用途、产地、名称及价格。那段时间，李玉刚倾其所有积蓄来塑造一个让观众接受的个人形象。当李玉刚在圈里有了些名气之后，场子开始多起来，价钱也越来越高。到处跑场成了李玉刚接下来几年中的生活节奏。河北、河南、山东、山西、陕西、江苏、上海、广州、湖北、湖南、浙江等十几个省份，几十个城市。每到一地，李玉刚有两件事情是必做的，找音像店白天打工，找老师拜师学艺。前前后后，李玉刚拜过上百位老师，包括演艺界、戏曲界、服装界、化妆界、舞蹈界、声乐界……凡是能与他塑造的艺术形象有关的都拜过了，其中不乏各个领域的领军人物。也正是因为当年的坚持，才有机会让我们看到今天这个在舞台上如此光艳照人的李玉刚。

后来上《星光大道》让全国老百姓认识，是李玉刚成功路上的很重要一步。但谁知道，得到这次宝贵的机缘之前，李玉刚度过了艰难的十年。十年前的他仅仅还是天天在艺术幻想的天地中遨游，但这十年来，他一点一滴去努力，从来没有松懈过，从来没有放弃过。这十年是苦过来的，也是耐得住寂寞走过来的。面对他，你会感觉到，这其中有一种坚定的力量在支撑他，尽管他承受着身体和心理上的多重压力，但最终坚持到了成功。

“男扮女装”的压力和非议

李玉刚成名了，凭借着一曲《贵妃醉酒》。可是随之而来却是种种的争议。反串究竟是一种艺术还是一种哗众取宠？有人说他的表演，谈不上是京剧，更谈不上是梅派。章诒和也说过“半男不女李玉刚”。自古，男性便以阳刚自称，所以带有阴柔的男性便成为了另类。

尤其是站在舞台上的阴柔男性总是引来各式各样的非议和争论。从梅兰芳到张国荣，从李玉刚到邹开云，细数他们的成名之路，似乎总是与误解

> **李玉刚名言**
>
> “有一种无形的力量，一直推着我，可能是骨子里的东西，一直停不下来。虽然今天也取得了小小的成绩，但是我还是一样，每天还是马不停蹄的。可能这是我骨子里的东西，构成了我生命中的一部分。”

和非议密不可分。

“男扮女装”让李玉刚异军突起，在社会上也引起广泛的关注。同时，也招来了许多的质疑甚至谩骂。

在李玉刚刚刚起步的时候，他有时一走上舞台，观众就起哄。

有一次李玉刚到铁岭去演出，住在一个老百姓家里。突然，来了几个警察，把李玉刚带到了派出所。警察对李玉刚说：“根据老百姓反映，你们那里有问题，一会进去个男的，出来是个女的；一会又进去个女的，出来却是个男的，这是怎么一回事呀？”直到李玉刚解释清楚，警察才放李玉刚走。

在一次次的屈辱与抗争之后，李玉刚顽强地抬起了头。开弓没有回头箭，他发誓要真实而勇敢地面对人生，用自己独树一帜的艺术，让自己的生命成为一个传奇。

同时对李玉刚的表演，国内京剧界很多资深人士提出质疑，认为李玉刚的表演只是男唱女声的反串，艺术价值不高，和京剧梅派男旦并非一回事，梅派积淀的是深厚戏曲底蕴，在形似的同时更强调塑造典型的人物性格，绝不是简单地装扮一个女人。

对这些说法，李玉刚虽没正面回应，但他是在意的。他一直刻意保持舞台上和生活中两种截然不同的状态。在中性风大行其道的今天，李玉刚只要是在舞台下，永远是标准的男装打扮，举手投足间不见一丝女儿之态。

2006年作为《星光大道》年度总决赛的探花，李玉刚的男旦表演震撼了很多观众。更有众多“钢丝”们感叹“无缘得见梅兰芳，今日牵手李玉刚”。对此，李玉刚说，为了找到

李玉刚对艺术的态度

1.民族的，就是世界的，对于艺术，我一直在路上。

2在我看来，好的艺术应该是不分年龄、性别、职业的，好的艺术应该是老少皆宜的。

这条与众不同的路，自己走得非常辛苦。在布满荆棘的道路上，他不能有泪水，更不能有怨言，他始终微笑着迎接每一天冉冉升起的太阳。

李玉刚名言

1.学会放弃，拽的越紧，痛苦的是越自己。

2.低调，取舍间，必有得失。

3.不要试图给自己找任何借口，错误面前没人爱听那些借口。

“刚开始表演男扮女装的节目时，有5年多时间，我经常在上台后不久，被台下观众用啤酒瓶子给轰下来。在上《星光大道》之前，我都不敢和家里人说自己在做什么，因为农村人还很保守，我怕他们接受不了。”李玉刚的从艺之路似乎一直就不平坦。

除了在演艺方面要付出常人难以想象的努力外，还要在精神上顶住常人难以想象的压力。

李玉刚的综合素质是很高的，他的表演艺术是独树一帜的。十几年的时间内，李玉刚先后拜师50多位。李玉刚的歌喉和唱腔，得益于他母亲的遗传，他从小嗓子好，入行后，他的朋友庞龙也称赞他小嗓好，适宜唱女声。

后来，他拜了梅派传人马老师为师，经过他的教诲和自己的苦练，唱腔大有长进，他还虚心向胡文阁、贺冰心老师学习，这些对他唱功的提高是大有益处的。他只要一张口，清脆嘹亮的歌声一出，便会获得满堂彩的。

还有，他不仅苦练戏曲动作，还练习芭蕾舞和民间舞，民族舞和古典舞。在前辈的传授下，李玉刚掌握的表演形式、演出技艺、舞台经验越来越丰富，他一方面积极借鉴和吸取中国古老艺术营养，另一方面将自己对艺术的感悟和独特理解融入其中，慢慢形成了一种独特的艺术表演风格。

一分耕耘，一分收获。在李玉刚的努力下，他十分自然的将唱腔与眼神结合到一起；将舞蹈与戏剧结合到一起，逐步形成了自己独特的男旦的艺术风格。

在演出中，李玉刚个性鲜明、唯美时尚，他将民歌、舞蹈、京剧有机地融为一体。以高亢嘹亮、甜美悠扬的唱腔，给观众的视觉和听觉带来一种美的享受。这些成绩的取得，与李玉刚的苦心钻研、努力探索是分不开的。

草根成名华丽转身

从1998年到2006年，整整8年时间，李玉刚都在学习男扮女装。他的反串也引起了极大的争议，而李玉刚的好友，身在抚松的李松杨理解却很简单，他说："这是个仁者见仁智者见智的问题，演出是跌跌撞撞地走到今天。这也是种非常新颖的表演方式，它借鉴了中国的戏曲、古典舞、民歌、美声、通俗等很多很多的元素在里边。它作为一个新生的事物，一个非常与众不同的表演形式，肯定会受到很多的争议在里边。这种争议是方方面面的，并不是一个人来决定它的一件事情。"对于这种反串，他称会坚持下去，也正因为这样的表演方式才会被全国的老百姓所喜欢所接受，才成就了今天的李玉刚。

2005春节的第一天，法国巴黎出版的《欧洲时报》头版头条刊登了一条消息：中国当红男旦演员李玉刚随中国"玫瑰钻石表演艺术团"赴欧洲巡演，把中国古老的艺术带出国门。

接下来的十几天，李玉刚便火遍欧洲各国，中央电视台四套节目也做了专题报道。从此，李玉刚的名字便几乎家喻户晓了。现在的李玉刚，已被中国歌剧舞剧院作为特殊人才引进，并且是东方歌舞团的外聘演员。

2006年7月，在深受老百姓喜爱的《星光大道》节目，中李玉刚以甜美的歌声、婀娜的舞姿、俊俏的扮相获得年度季军，网络上的支持率高达93%，被

观众誉为《星光大道》无冕之王，成为当之无愧的平民偶像。

> **名人名言**
>
> 1.活得轻松，任何事都作一个最好的打算和最坏的打算。
>
> 2.做一个简单的人，踏实而务实，不沉溺幻想，不庸人自扰。

2009年对李玉刚来说，是很不平凡的一年，从中国歌剧舞剧院国家一级演员到悉尼歌剧院个人演唱会，一路走来，是运气还是实力？

李玉刚认为，这完全是凭自己的能力和实力，进国家剧团并不是简单的事情，并不是一个人、两个人能决定的事情，它也算是娱乐圈的一件大事。“一个业余的演员、一个选秀的进了国家级、专业的院团。对很多专业的、念大学很多年的演员来说，如果想进一个专业的院团或者国家级的院团都要经过很多轮的考试，而且是很难很难的。能够进国家院团，包括文化部、演艺界的前辈都是认为中国的传统艺术在我这边还是得到了认可和弘扬，他们希望在我的身上会出一些好的作品，能够立足中国的传统艺术、传统文化。”

提高竞争力的最高境界是没有竞争对手，大胆扬弃了男旦传统扮相的没有，而李玉刚做到了，他也成了“反串”第一人。在没有竞争的情况下，会不会停步不前呢？李玉刚坚定地称：“这肯定不会的，包括进了中国歌剧舞剧院和悉尼歌剧院，这种责任、义务或者压力都是自己给自己的，跟任何人都没有关系。”希望自己一次次地登上一个个新的高峰，不断地超越自己。

加盟北京台春晚

历经四年蛰伏，李玉刚终于在2011年的第一天发行了首张个人专辑《新贵妃醉酒》，他表示这是一张和年轻人对话的专辑，其中在曲风选择上不乏时尚元素的加入。

李玉刚坦言：“自2006年《星光大道》成名以来经历了‘三级跳’，专辑凝聚了我十二年的梦想与努力。”

2010年是李玉刚事业发展的黄金年，凭借个人演唱会的成功举办和日渐走高的人气，李玉刚收到了北京电视台的邀请，在2011年2月3日（大年初一）献唱BTV春晚。

为了将自己最好的状态展现给全国观众，李玉刚特地来到录音棚为BTV春晚的演唱进行了试音。因为对新专辑的歌曲钟爱有加，李玉刚表示希望能够在BTV春晚唱自己的新歌。

据了解，《新贵妃醉酒》专辑收录的《水墨丹青》是李玉刚的一次全新尝试，歌曲中李玉刚首度尝试R&B，充分显示了李玉刚对不同音乐作品的驾驭能力。

相比于之前频繁地以花旦扮相亮相，现在的李玉刚更倾向于以日常装扮与观众见面。不过考虑到舞台效果，这次李玉刚将再次启用华丽的造型献唱BTV春晚，届时观众将有机会再次欣赏到久违的李氏“双声”唱法。

“虞姬”李玉刚智斗“霸王”李咏

作为一名反串明星，李玉刚以其华美的服饰、绝美的身段及独特的唱腔为人们津津乐道。在《欢乐英雄》舞台，李玉刚现场展示了其美轮美奂、难辨真伪的唱腔，更是带来他经典的《霸王别姬》和长绸段落现场展示。就在李玉刚表演《霸王别姬》唱段时，李玉刚手持一柄宝剑“自刎”谢幕，之后便紧闭双目躺地不起。

主持经验丰富的李咏急中生智，自称“霸王”并慢步走到李玉刚身边将其搀扶起来。李玉刚一听“霸王”来了，才睁眼起身。李咏和李玉刚此举引来全场一片欢腾。

李玉刚泪洒全场

在李玉刚表演长绸之后，欢乐团叫板李玉刚，隆重请出了精心准备的别样长绸表演——木偶。来自扬州的国家一级木偶表演演员带着她的“天

女”来到现场，精湛飘逸的木偶长绸赢得观众阵阵喝彩。这反而刺激了李玉刚的学习热情，李玉刚迫不及待地伸手操作，现学现卖。最后以一曲《新贵妃醉酒》的木偶长绸版完美收官，连木偶表演的老师都夸赞李玉刚天资聪颖。

李玉刚大型歌舞诗剧

《镜花水月》是李玉刚迷离“入梦”，在梦境中与古代美人的一次关于命运的对话；《四美图》则是李玉刚应邀“入画”，在历史与现实的图景中，与古代美人进行的一次灵魂的审视。

在现场众多的粉丝中，也是卧虎藏龙，一位8岁的女孩被称为“李玉刚点唱机”，不仅能唱出李玉刚的所有曲目，更在现场模仿李玉刚的长绸表演，技惊四座。之后陆续登台的小粉丝更是让大家大开眼界。与小粉丝不同的是，一位名叫“若儿”专程从福建远道而来的粉丝，从李玉刚成名之后，就从未落下过李玉刚的每一次表演。这次，她在现场倾情演唱了一首为李玉刚创作的歌曲，当唱到“玉刚一定要爱你”的时候，舞台上的李玉刚潸然泪下……

第三节　芳华绝代　一唱震全球

用东方神韵感染世界

悉尼歌剧院，那耸立海边像风帆像贝壳又像梦幻的建筑，曾令多少艺术家心驰神往！

2009年7月28日晚，李玉刚“盛世霓裳——2009李玉刚悉尼歌剧院个人演唱会”在悉尼上演。

舞台上，他一会儿变成古典美女，载歌载舞，妩媚撩人；一会儿又恢复了男儿本色，一身白色西装，潇洒时尚，不

悉尼歌剧院第二人

他是继宋祖英2002年之后第二个登上悉尼歌剧院开个唱的中国人，李玉刚以男扮女装的表演再次惊艳有着39年历史的悉尼歌剧院，这是李玉刚家乡吉林人民的骄傲，也是全中国人的骄傲。

仅令自己的同胞，也令金发碧眼的老外们看入了迷，演出非常完美。当他们到悉尼时就有个好兆头，“之前的几天，悉尼阴雨连绵，就在演唱会当天是个大晴天。”这确实是个好兆头，当晚李玉刚大放异彩，近两千名中澳观众兴味盎然地观赏了舞台上充满中国元素、中国符号的绚烂画卷，欣赏了这位来自中国的青年表演艺术家的“绝艺”。

通过“红楼花情”、“楚歌荡气”、“盛世霓裳”和“东方神韵”四个篇章，李玉刚出色演绎了家喻户晓的中国历史传奇和时代风采。当天演唱会由凤凰卫视美女主持许戈辉和澳大利亚Breen舞蹈团主持人托马斯担当，许戈辉在媒体面前大夸李玉刚，用“非同寻常”四个字来评价，“玉刚的演出太完美了，我是第一次主持这样的歌唱，看到他演唱《新贵妃醉酒》时，我真的在侧幕后想起了梅兰芳先生！”

而最令人称奇的是，多少艺术家梦寐以求的登上悉尼歌剧院演出的愿望，却被他这个“草根”出身，从未受过艺术院校专业训练，破格进入国家艺术院团、破格评为国家一级演员的年轻后生捷足先登了。李玉刚和他的“盛世霓裳”，本身就是一个传奇：创作时间最短、申报和获准进入悉尼歌剧院速度最快、市场运作最成功、受澳洲官方和民间关注度最高（澳大利亚总理陆克文为本次演出发了贺词）。

在当晚举行的庆功宴上，中国驻澳大利亚悉尼总领事胡山和主办单位澳华文联负责人给李玉刚颁发了“南十字多元文化贡献金奖”，以奖励他在海外为传播中国文化而作出的贡献。李玉刚“盛世霓裳——2009李玉刚悉尼歌剧院个人演唱会”在悉尼的完美演出。使很多不了解中国反串艺术的外国人了解了中国的反串艺术。李玉刚在中外文化交流上做出了巨大的贡献。

感动“国宝级大师”

李玉刚“镜花水月”全球演歌会日本站在东京艺术剧场上演。无论是男扮女装的精致造型，还是帅气时尚的男儿本色，李玉刚的精彩表现折服上千名观众，大家起立鼓掌长达六分钟之久。

当晚，李玉刚一共换了五个女装造型，无论是华美贵妃，还是悲情的虞姬，李玉刚的每一次精彩亮相，都引得日本观众叫好不迭。演歌会的高潮出现在李玉刚用日语演唱《星》的环节。

这首歌是日本著名歌手谷村新司的代表作，在经李玉刚演绎后，平添了几分中华韵味。

尤其是李玉刚用男声和女声变换的演绎，更使观众的情绪达到顶峰，整整六分钟的掌声表达了观众的认可。

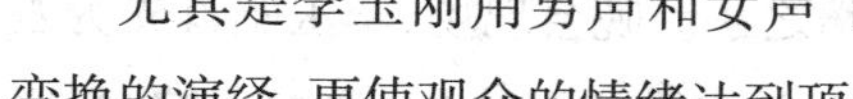

“原来姹紫嫣红开遍……”当李玉刚以杜丽娘的造型出现在舞台上，观众席下就发出阵阵惊叹的呼声，这种惊叹，一直伴随着李玉刚的表演直到演歌会结束。

当“霓裳羽衣舞”音乐响起时，李玉刚一袭粉裙和唐朝宫廷造型的舞蹈演员一起翩翩起舞，仿佛让大家看到了大唐贵妃的华美身形！“菊花台”作为李玉刚的保留作品，也受到了日本观众的欢迎，李玉刚的浅吟低唱，将日本观众带进了悠远的中华文化的美学意境，李玉刚一柄纱伞缓缓撑起，那袭华裙徐徐展开满目菊花盛开铺满台面时，观众席上立刻爆发出热烈的掌声。

成功语录

1.别人光鲜的背后或者有着太多不为人知的痛苦。

2.要快乐，要开朗，要坚韧，要温暖，对人要真诚。

日本国宝级歌舞伎大师，有“日本梅兰芳”之称的坂东玉三郎的出现，更是让李玉刚的演唱会多了几分历史的厚重感。坂东玉三郎先生一直坚持在台下观看演出，并不时发出热烈的掌声，演出结束后，坂东玉三郎先生还亲自到后台看望李玉刚，坂东玉三郎先生首先祝贺李玉刚的演出成功，表示要为李玉刚量身打造一部歌舞剧，并亲自做导演，李玉刚也欣然接受邀请。

香港刮“文化风球”，港媒称其“凤毛麟角”

中秋时节，第十一届“香江明月夜”大型中秋晚会在香港文化中心大剧院隆重举行，著名青年表演艺术家李玉刚现身此次盛会，这也是李玉刚继日本、马来西亚之后，又一次传播中华传统文化的重要行程！

当晚，李玉刚以一袭淡雅的细纱华服惊艳亮相，淡雅的服装间那一缕缕孔雀蓝色羽毛随着李玉刚的舞蹈上下翻飞，确实有一种嫦娥奔月的美好感受。

此次演出服出自著名设计师郭培之手。晚会现场，李玉刚首先为香港观众演唱了其代表作《贵妃醉酒》，京腔的起承转合，委婉运腔，板眼分明，扮相柔美逼人心弦。

尤其李玉刚眼神中透露出的妩媚与高贵更是令在场千余观众赞不绝口。除了展示具有中国文化特色与魅力的《贵妃醉酒》外，首次在香港演出的李玉刚，还特别准备了一首香港人熟悉的歌曲，电视剧《射雕英雄传》的主题曲《铁血丹心》。

演唱前，主持人朱迅特意用粤语和李玉刚交流，李玉刚笑着告诉大家，朱迅的话他一句也没听明白，李玉刚还自嘲，身为东北人的他在香港演唱粤语歌曲，会有些班门弄斧的嫌疑。

音乐响起，李玉刚如天籁般纯

净的歌喉撼动观众，李玉刚用男女对唱的形式演绎了粤语版《铁血丹心》，整个现场出现了一句一次掌声的盛况，当李玉刚演唱完毕转身离台后，台下持续发出“Encore”呼声，尤其在谢幕时刻，李玉刚一出场，台下掌声雷动，欢呼和尖叫声像“风球”一样热烈！演出结束后，香港《文汇报》在报道李玉刚的表演时写道：“在中国，会唱或善舞的演员不少，但一人载歌载舞如此出彩的不多见，男声能唱女声到如此境界的，李玉刚当属凤毛麟角！”

舞台上的他芳华绝代，舞台下的他淳朴善良。很多人赞誉他为继梅兰芳等中国四大名旦之后，中国京剧旦角的后起之秀。可出名后的李玉刚仍然很朴实、谦虚、随和。他从未忘记自己传承国粹的理想，不仅刻苦练习，而且一有机会就遍访名师，四处求学，决心好好学习深造，努力推动京剧艺术的推广与传承。

第五章　笑星艺术家高秀敏

人物名片

她是东北出来的女笑星，她和赵本山、范伟一起，在很多个大年三十的夜晚用小品给大家拜年，她也是《圣水湖畔》中那个快人快语的马莲。

与众多明星不同，高秀敏没有天使般的面容和身材，生前也没有特别耀眼的头衔，而那么多的观众却被她塑造的一个个艺术形象深深地感染着，有人说她是粗壮的庄稼，有人说她是馥郁的丁香，有人说她是一位地道的农民艺术家，这在今天的演艺圈中不能不说是一个特别的现象。

第一节　走近人物

人物生平

高秀敏(1959年1月28日—2005年8月18日4时)。籍贯:吉林省扶余。出生地:吉林松原市。职业:国家一级演员，著名小品演员。合作艺人:她与赵本山、范伟合作演出了多个小品、东北二人转、电视剧等，至今仍经久不衰。

她是家中八个孩子的老幺，出生的时候她十分瘦小，但是嗓子非常好，15岁时就到当地的民间团体唱二人转。19岁的时候她却因为太瘦没有被正规的文艺团体录取，此后，高秀敏遵循当地人的习惯，早早地结了婚生了孩子。等体态丰满一些后，她又重新考剧团，终于被扶余县民间艺术团录取，并逐渐成为县里一名小有名气的演员。

高秀敏1982年进入扶余县民间艺术团做演员，1986年获国家二级演员职称，1992年辞职做个体演员，开始出演小品。其从二人转转型到小品演员后，屡次在春节联欢晚会表演并获好评。

2001年，在电视剧《刘老根》中饰演主要人物丁香，获得一致好评。2005年起开始更多尝试，并重拾起二人转。2005年8月18日凌晨，心肌梗塞导致窒息，在长春去世。

2005年8月20日早晨9点，追悼会在长春殡仪馆举行，众多长春市民走上街头，送别他们心目中永远的"高大姐"。

人们对高秀敏最深的印象就是她主演的小品，《卖拐》《拜年》等都让人记忆犹新。2001年，高秀敏在电视剧《刘老根》中饰演主要人物丁香一角，从此连续出演了《刘老根2》等脍炙人口的影视作品。

2005年初，由高秀敏主演，何庆魁、高秀敏夫妇共同担任制片人的电视剧《圣水湖畔》于央视一套播出，高秀敏迈出了从演员到制片人最重要的一步。

主演电视剧

《刘老根》《刘老根2》《圣水湖畔》《水兵俱乐部》《一乡之长》《夜深人不静》《农家十二月》《晚霞不是梦》《月芽沟》《金色海湾》《黑土地、黄棉袄》《半路夫妻》《县令黄马褂》《东北一家人》《生存之民工》

英年早逝

2005年8月18日凌晨，著名小品演员高秀敏心脏病突发，在长春市深圳街华侨村名人公寓1号楼去世，享年46岁。几乎每个听说高秀敏去世的人都惊呼："怎么可能！"在外人看来，只有46岁的高秀敏无论如何都不应该这么年轻就走了。

不过有媒体了解到，高秀敏近来工作非常繁忙，成名了的她要应付各种各样的活动、演出，同时还在拍摄电视剧。在拍摄《圣水湖畔》后，她就表示自己身体出现了很多不适。高秀敏突然去世的消息，让和她有过多年交情的圈内好友感到吃惊。料理好高秀敏的后事，何庆魁就悄悄住到了一家宾馆，把自己藏了起来，因为每一个关切的眼神，都会在他的伤口上撒盐……

善意的谎言

她善意的谎言让天人永隔，高秀敏突然撒手离去，老何又伤又怨，"儿子出事后，她本来要陪我去广州，可这边还有双辽的慈善演出，还有省里组织的重走抗联路的活动，我就和她说，你留下来参加这些活动，一定要替我给杨靖宇磕个头，我很快就回来，但是她却说我儿子他妈太可怜了，让我多在广州陪陪她。"

何庆魁带着哭腔说，"我17日给她打电话，说处理好儿子的后事就回来，我多想在她怀里痛快地哭一场，在别人面前，我要挺直腰杆，装作坚强，但是在她面前我不需要，我多想把我在广州9天的心情说给她听，谁能想到我是在停尸间、在全部是非正常死亡的尸体中一个个辨认着我的儿子，这种心情我只能对她说，可是她为了让我多陪陪孩子他妈，居然骗我去太

小品《密码》经典台词

1.越热情越得加小心，你没听说吗，他们作案的主要对象就是我们这样手无寸铁的三八妇女。

2.(唱)"一九三七年呐，八路军就拉大栓，瞄了一个准，啪，就打死一个翻译官。"这里面没爱情，这里有人命。

原拍戏了，还对我说，你放心我不会垮的。”

第二节　成名经历

1959年，高秀敏出生在吉林省扶余县的四满乡，从小，她的梦想就是成为一名演员，并且为了这个梦想做了坚持不懈的努力。刚开始考县剧团的时候，她才十五六岁，并且这一考就是四五年，却始终没有考上。那时候生活水平不高，家里很困难，她整个人瘦得就像一把骨头，剧团团长说这小姑娘唱得挺好，就是身子骨太单薄，浪费了一副好嗓子，还是回去先养好身体吧。

回来妈妈就开导小秀敏说：“姑娘，别着急，咱们家这一年鸡蛋都不卖了，给你补身子，等养胖了咱再去考！”机会终于来了，秀敏18岁的时候，县城炼油厂宣传队招演员，她唱完一首《绣金匾》之后，厂长就让她马上回家把户口取来，正式进厂。

秀敏的眼泪当场就下来了，心想：“就算是业余的，我也算是干上这一行了啊！”

19岁成名，十年的乡下演出

中学毕业的高秀敏在县剧团成了一名二人转演员，一唱就在十里八

乡的红了起来，19岁的时候已经是村里的明星了，甚至成了县剧团的业务团长，高秀敏在乡下的剧团经历了一段艰难的岁月，下乡演出是大家养家糊口的唯一出路，松原的十里八乡到处都留下她们的身影，也许正是这样的锻炼造就了高秀

敏扎实的演技，无论是《刘老根》还是《圣水湖畔》中的表演，都具有浓郁的东北特色，而这并非一朝一夕之功“现在看来，那时候没觉得苦，觉得特别充实，我们姐妹一天三场戏，化的妆都是油色，太阳一晒往下淌，我所以说能有今天的皮肤我万幸，几乎团里所有的演员都是黑色的皮肤。

早上下午晚上都有一场，也没有麦克风，就凭自己的嗓子往出唱，有时候晚上没电，弄一块砖头挂起来，农民拿一桶煤油往上浇，弄得脖子里都是黑的。夏天东北农村灯下都是虫子，演完下来衣服里都是虫子。到农村也没什么好吃的，就是农民给你做大豆腐，小葱拌豆腐，我记得有一次去辽源下乡，没有米给我们，我们就吃了24天的大豆腐，结果我们的司机说，这两天开车怎么看不清楚路，后来知道里面有卤水，卤水把眼睛都没了。我们就那样为农民演出，在一个屯子演出之后，再开车到下一个屯子，将近十年。”“我没有那十年的演出生活，可能也没有我的今天。我就拿电视剧丁香这个角色讲，我能把这个角色演给大家看，而且演得这么好，是与那个时候分不开的。有的农民大嫂给我弄一筐土豆，农民大嫂老大妈的形象始终在眼里，这么多年我创作的人物，始终是农民的大嫂、大妈，因为我对她们的感情太深了，这么多年的下乡演出生活，我特别感谢我们的老乡，特别感谢乡亲们那10多年对我的培养。”

1982年，高秀敏已经被当地人称为小郭兰英，专业的剧团也开始要她。进剧团以后，她吃了不少苦，也积累了丰厚的表演经验和素材，为她后来的艺术道路打下了坚实的基础。剧团经常下乡演出，田间也演，地头也演，四轮拖拉机上面也演。正当午的时候演戏，太阳一照，脸上的妆和

> **小品《拜年》经典台词**
>
> 1.别说是他乡长了，就是那大总统给他戴高帽子他都乐呀，戴高乐嘛！
>
> 2.咱俩原来是一个堡子的，父老乡亲、小米饭把你养大，胡子里长满故事，你想没想起来？
>
> 3.你就算是给我们喝云南白药，也无法弥补我们心灵上的创伤。

着汗就一起往下流。那时候观众也不少，十里八村的都来看，就靠嗓子去唱。而且生活非常艰苦，尤其是晚上演完戏以后，就睡老乡家的大炕。十多年的时间就是这样走过来的，生活非常艰苦但却非常充实。

而上天注定高秀敏的艺术生涯将越走越远，就在这样的生活中，她遇见了改变自己人生的何庆魁。何庆魁专门为高秀敏量身订做了一个拉场戏:《两枚戒指》，排出后在当地演出时大受欢迎。何庆魁当时也去看了高秀敏的演出。年轻时的高秀敏在当地可算是演艺高超，一张嘴，那圆润响亮的唱腔，就把整个剧团给镇住了。至今何庆魁还记得当时高秀敏唱道:“我跟你受了半辈子穷，看人家穿戴时髦我干眼红，你把那宝石戒指借我戴一会儿，解解馋过过瘾，中不中？”就这么四句唱腔，竟然激起了三阵掌声和一阵笑声。何庆魁立时被高秀敏的表演给迷住了。从那以后，高秀敏在当地小有名气，后来被省曲艺团调去工作。在高秀敏的眼里，那时的何庆魁虽然不是专业剧作家，但他却是一个颇有才华的人。

1992年，高秀敏和搭档带着何庆魁创作的小品《包袱》到深圳参加全国小品大赛，在97个参赛作品中获得唯一金奖，从此，她带着她独有的喜剧方式走出吉林省，走到全国观众的眼前。当人们听到这个东北喜剧演员爽朗的笑声时，都不约而同地感到精神振奋，轻松地跟着她一起笑。能让人笑自然有观众，1993年，中央电视台两次邀请高秀敏在大型综艺节目中演出小品。在中央电视台这样一个全国播放的媒体平台上，高秀敏再次用她的笑声征服了大江南北的观众，但是她并不满足于这样的成就，还在不断地冲击艺术高峰。多年来在基层演出的经历让她明白，想要获得更多的观众就必须创作出更多又新又好的作品。

> **高秀敏名言**
>
> “当别人把你当回事的时候，你千万别太拿自个儿当回事。”

1994年，高秀敏以小品《密码》获得央视春节联欢晚会的入场券，并且获得三等奖。3年之后，她又以小品《柳暗花明》再次获得央视春节联欢晚会三等奖。这时的高秀敏已经赢得了全国各地观众的喜爱，她开始和同是东北人的赵本山、范伟尝试强强联手，把东北喜剧文化进行到底。

1998年，演艺圈出现了一个“铁三角”：赵本山、高秀敏、范伟，只要他们出现，没有一个晚会不是欢声一片的。当年的小品《拜年》在央视春节晚会上获得了二等奖，此后的很多年中，他们多次以这种“铁三角”的模式出现在央视的春节晚会上，并且年年获得观众好评。当然，在高秀敏这个巅峰艺术状态的背后，还有她的丈夫何庆魁的默默支持。如果说高秀敏和赵本山、范伟是小品界的“刘关张”，那么何庆魁就是他们的诸葛亮。这些年来，他们在舞台上演出的许多精彩的剧本就是出自何庆魁之手。曾在央视春节晚会上获得一等奖的小品《卖拐》就是他们合作的结晶。

在小品界收获颇丰的高秀敏还参与拍摄了很多的电视剧，其中最让观众们回味无穷的就是《刘老根》里的丁香。在剧中，丁香怀着对刘老根多年以来的爱意，或者深情无限，或者吃醋撒泼，或者开怀大笑，高秀敏用她本色的演技将这个“东北大妈”的角色塑造得丰满真实。《圣水湖畔》是高秀敏的演艺生涯中一部不得不说的片子，因为这部戏让她从演员迈向了制片人，当然，何庆魁还是编剧。这是一部宣传东北文化的好片子，创作构想之初，正是党中央发文件号召“珍惜土地、珍惜粮食”的时候，就写了一个关于东北黑土地的故事，主人公马莲是一个有血有肉的农村妇女，做事情风风火火，性格倔强，语言生动幽默。尽管她没什么文化，但她尊重科学，不畏艰难，相信科技种田一定能有好收成，总有一种劳动致富的坚定

信念。她比丁香以及高秀敏从前塑造过的角色都更加独立和自主。为了自己和丈夫的心血能有一个好的结果，高秀敏推掉了好几部戏，提前一个月进入了剧组。除了拍自己的戏以外，其他的事情还要操心，最重要的是给丈夫当“第一观众”，每天丈夫写出来的剧本她都得先看一遍，然后两个人再细细地琢磨，才能定下来，改动最大的一次居然重写了7集。就是因为夫妻俩这种精益求精的创作态度，最后这部片子被中央电视台选中，在电视剧频道的黄金时间播出，获得好评如潮。而正当夫妻二人准备继续拍摄续集的时候，高秀敏却不幸突然离世，不得不称之为一大憾事。

十年磨砺，积淀了丰厚的东北妇女的底蕴

高秀敏的成名也许会让扶余县满族新城戏剧团十分惋惜，他们同这位笑星当年失之交臂。高秀敏是那种当姑娘时瘦弱，结婚生了孩子后就发胖的体质。她被宁江区民间艺术团录用后，身材很快就丰满了起来。宁江区民间艺术团的领导根据她的嗓音和身材给她安排出演东北农村中年妇女的角色，高秀敏也在生活中注意观察农村中年妇女的做派和说话方式，把东北农村妇女风风火火心直口快泼辣质朴的风格刻画得惟妙惟肖。东北的二人转主要有三种表演形式：单出头、二人转和拉场戏。高秀敏最擅长的是拉场戏，这种表演形式有故事情节，有道白，有唱段，非常能体现出一个演员的表演才能。高秀敏就是在十年间塑造许许多多东北妇女的形象中积淀了丰厚的幽默风趣的语言底蕴。

当时，省里对各个演出团体有个要求，每年下乡演出不得少于200场。为了不影响农民生产，各个演出团体只能在开春种完地和铲地之前

集中下乡演出两个月，在铲完地到秋收之间再下乡演两个月，为了完成演出任务，有时，一天要演两三场。当时的演出条件也十分艰苦，最好的舞台就是两台拖车搭在一起，有时就设在一个平坦的土堆上，冬天甚至设在粪堆上。高秀敏是团里的台柱子，每到一处，村民都先问，高秀敏来了没有。如果缺少了她，村民们会很失望，所以高秀敏每次下乡演出从不缺席，不管身体状况如何，她都要坚持演出。当时她的女儿丹丹还小，扔在家里无人照看，每次下乡演出，高秀敏都要把女儿带着。遇到晚上演出时，她就将女儿放进装服装的大箱子里。有一次，演员下场时，没注意丹丹睡在箱子里，纷纷将服装扔了进去，后下场的演员一屁股坐了下去，险些将丹丹坐坏了。

三年的时间，高秀敏唱响了扶余县的每一个村镇。1985年她凭借出演拉场戏《马前泼水》中崔氏女的形象在吉林省组织的民间艺术团体汇演中获得了一等奖，这是她在吉林省内的民间艺术团体中第一次出了名。宁江区民间艺术团的领导有意要培养她，由团领导联系，让高秀敏拜吉林省民间艺术剧院的吉剧名宿关长荣为师。在关长荣的指导下，高秀敏的表演水

平获得了很大的提高。1986年，她被破格评为国家二级演员。

相助走上事业顶峰

现实生活中，高秀敏也是一个热情开朗的人，她与丈夫何庆魁的恩爱是出了名的。说起来，这也是一对半路夫妻，但很早就互相认识，后来的重逢更是给二人的艺术生活带来了意想不到的改变。这恩爱的故事还得从他们重逢的那一天说起。那是一个寒冷的冬天，当时在县剧团上班的高秀敏，下班后到每天路过的菜场买菜，突然看到卖菜的人中有一个多年没见的熟人，就过去招呼道："这不是吹唢呐的何大哥吗？"对方也认出了她："这不是高秀敏吗？来来，拿点青菜回家。"这人就是出生在吉林扶余县朝阳乡的何庆魁，他很早就认识高秀敏，两人曾在一个宣传队演出过。爱好文艺的何庆魁，见到高秀敏他们这些剧团的人都特别热情。而高秀敏看到何庆魁在空旷透风的菜市场里卖菜挺不容易的，觉得有些不忍心，她想帮帮何庆魁。想到何庆魁在艺术创作上很有天赋，便对何庆魁道："大哥，你写节目写得那么好，你给我们剧团写一个节目吧，我们给你200块钱稿费。"高秀敏是剧团的业务团长，况且过去两人都在一个演出队待过，彼此间都非常熟悉。听高秀敏这么一说，何庆魁就动心了，回去撂下菜担子就真的写了起来，而且用这个剧本在当地捧红了高秀敏。有了共同的事业作为基础，话题也就多了，在各自的家庭解体之后，他们很自然地走到了一起。高秀敏带着女儿，何庆魁带着儿子，这样一个全新的家庭开始生活在一起。高秀敏的重感情也是出了名的，前夫去世得比较早，每年清明，只要自己有时间就会带着女儿去给她爸爸送上一捧菊花，实在没有时间也会嘱咐自己的侄女去扫墓。

> **夫妻情深**
>
> "高秀敏就像长在我心底的一棵树，是我用心血浇灌出来的，长出来的果实谁摘点都行，她挣的钱给谁花我都没意见，要是把她从我心底拨开，那是痛彻心扉的。"何庆魁的这段话或许可以诠释两人之间的真情。

高秀敏还是一个很有主见的人，在家中基本是事事做主，对外也是夫妻的发言人。这样就给丈夫留下了大量的时间醉心于创

作，何庆魁也没有辜负妻子的厚望，除了写出一系列脍炙人口的剧本，在2004年的春节晚会上还被中央电视台邀请为语言类节目的总策划。而何庆魁对妻子的爱也是足以让每个女人都羡慕的，最让妻子难以忘怀的就是关于粉色高跟鞋的故事。

"古典二人转"成千古绝唱

《风筝奇缘》是高秀敏的第一部古装戏，出人意料地收视火爆，过去在小品和电视剧中一向"憨"态十足、大大咧咧的高秀敏，在此剧中一改常态，雍容华贵，专横霸气，不但心计多，还很幽默。

1992年高秀敏和何庆魁去深圳参加比赛的时候，有天早晨起床后，何庆魁把高秀敏叫出来说："我认识你的时候，就答应给你买大戒指，今天我领你上街买去。"结果高秀敏走一会儿就累了，不愿再走了，最后好不容易到了国贸，高秀敏一下坐在大门口的台阶上，不想动了。她那时快有90公斤了，脚上穿一双粉色高跟鞋，脚脖子疼得不能走了，坐在台阶上都要哭了。看到高秀敏那难过的样子，何庆魁也心疼，他寻思着：反正这里谁也不认识我，我们俩鞋号一样，我就跟她换鞋穿吧，就算是有人拿我当疯子我也认了。他当即把自己的黑平底鞋换给了高秀敏。穿上高秀敏脱下的粉色高跟鞋，何庆魁一下长高了5厘米。高秀敏从此不能忘怀：那天，她戴着何庆魁给她买的戒指，两人又上民俗村照了不少的照片。可笑的是，整个一下午，何庆魁都是穿着高秀敏的粉色高跟鞋，走在大街上谁都向他行注目礼，那回头率高得没得说。

高秀敏的艺术成就的取得与她好艺术的认识是分不开的。在很多片子里，她都饰演配角，无论在成名之前还是之后，她都会尽心把自己的每一个角色演好，在她的眼里，是没有什么红花绿叶之分的，她的理念就是：

哪怕只有一个镜头，演好了，也能出彩。敬业至此，再加上自己本身的艺术功底，想不成功都难啊。而正是因为这样的理念，让高秀敏永远都很谦虚，给身旁的朋友和工作人员都留下了很好的印象，大家都喜欢和她在一起，她到哪，哪就是笑声一片。朋友们都说她就像隔壁家的大妈，特别亲切、可爱。其实，将人生喜剧“演”到了这个份上也是需要大境界和大智慧的。

第三节　事业之外的高秀敏

热心公益

2002年的暑假，有记者到赵本山家做客，刚拍完《刘老根》的高秀敏、范伟也在，看到报纸报道的贫困学生无法圆大学梦的稿子后，赵本山很激动地说：“这可是大事，咱们应该出面管管。”闻听此言，高秀敏当即拍手称赞：“若我们的子女也没钱上学的话，那多可悲呀，哥你该出面为这些孩子做点事。”在大家的议论中定下了8月17日赵本山扶贫助学义演的确切日期。

高秀敏是铁三角中最积极的一位，提前几天就到沈阳来彩排，当时赵本山还说：“从没见你这么积极过。”高秀敏说：“也不看谁的事，为了孩子，我少睡点觉，少吃点肉都行。”正是为孩子做事的决心，她不但不收取分文，还拉来自己的家人买票捧场，记者当时说她是有艺德的演员，她却笑着说：“我们都是在为孩子做事，你们不也是吗，为了孩子四处奔波。以前我以为媒体只会挖艺人的隐私，但你们让我改变了认识，让我们一起来个‘爱的奉献’吧。与艺人联合为需要帮助的人搞点活动多好，这才是我该做的。”不料演出当天，她的嗓子却哑了，记者劝她别唱了，演个小品就得了，她却坚决不同意。在酷热的辽宁体育馆里，她沙哑派的《山路

> **最后的演出**
>
> 2005年8月6日吉林省双辽市贫困大学生助学慈善晚会。
> 2005年8月16日吉林省吉林市中油化建成立55周年晚会。

十八弯》赢得5万元的捐款。当听到女孩琳琳可怜的身世后，她与赵本山、范伟当即决定每人负责琳琳一年的学费，让她把大学读完。激动的她在演完小品《下岗女工》走下舞台后竟咳出血来，后来医生诊断她是嗓子充血所致。她就是这样一个人，正如她女儿说的："整颗心都能掏给别人，只要她认为值得的事就会义无反顾。"也正是这种精神，让她拥有了亿万观众的爱，她走了，可她把爱留下了，当天筹集的47万余元，不但改变了琳琳的命运，也改变了数十位孩子的命运，高秀敏的爱与快乐会在这些孩子身上延续。

经典台词

1.你说爱情这玩意吧。白天不想去碰，晚上睡觉也梦，整得我这个少女的心，总有点蠢蠢欲动。

2.像你这条件，可得好好找找。十七八太小，二十五六正好，超过三十，就仅供参考。

3.大哥啥也别说了，红颜命薄呀！

艺术剪影

高秀敏与何庆魁都是吉林省松原市扶余县人，两人在成婚前各自有过婚姻。两人结合后，何庆魁根据高秀敏表演的特点，创作了小品《包袱》《国旗卫士》等，使高秀敏这个笑星从吉林走向了全国。成名后的高秀敏也竭力推出何庆魁的作品，为何庆魁提供了在央视春晚一展才华的机会。

2002年底，赵本山、高秀敏、范伟一起彩排春晚小品《心病》。高秀敏只有四句台词，很不高兴。她对赵本山道："我的戏太少了，再给我加点戏。"她事后回忆道："后来本山让老何（何庆魁）给我加戏，演出的时候给我加了好几个情节，现在我再也不生气了。"

2003年底，春晚紧张筹备中。赵本山原打算与宋丹丹、范伟合演一个小品，宋丹丹因故辞演，高秀敏紧急顶上。当时高秀敏十分开心，直爽地告诉记者："我心情很激动，我挺有福气的，这要多谢赵大哥，给我这么个惊喜，我都想给他磕一个头了。"

第四节　作品形象

回忆高秀敏所塑造的各种人物，几乎每一位都个性鲜明，血肉丰满；却又都不可避免地打上了她的特色符号：原生态的生活语言、爽朗洪亮的笑声。高秀敏塑造的人物，从未引起观众们的任何质疑，这得益于她对人性的深刻理解，以致每个人物都真实得就像你我。以下列举出高秀敏曾成功诠释过的五位经典人物形象，以此向这位草根明星致敬。

小品《密码》中的大妈

特点：朴实率直

小评：这是高秀敏第一次参加春节晚会时的作品，当时获得了三等奖。对作品的肯定，很大一部分来源于对演员表演的肯定。高秀敏在小品中饰演一位要使用取款机提钱的东北大妈。当时才三十多岁的高秀敏，一亮相一开口，观众们立刻就将她和剧中人物重叠在了一起。接下来，高秀敏把老大妈对于路人的重重戒心，以及忘掉取钱密码后的不知所措，当别人取走钱她认为自己没钱可取的慌乱等一系列具有戏剧性的情绪变化都呈现出来。一个实际上胸无城府、朴实率直的大妈形象出现在了眼前。随

后，陌生人一旦取得了她的信任，她又将一切防备全部抛开，坦诚相见的可爱彻底征服了观众。

小品《拜年》中的“老高婆子”

特点：精明势利

小评：在小品中，高秀敏就是乡长小舅子嘴中的“老高婆子”。这个精于世故的人物被高秀敏刻画得惟妙惟肖，却并不让我们讨厌，反而觉得十分可爱。未登乡长门前，她对老公的一番面授机宜：要给领导多戴高帽。一句玩笑话“总统也喜欢戴高帽，戴高乐嘛”，立刻让我们对此释怀，并有所思考。此行，她还想给领导送点礼拉拉关系，但是“吝啬”的一面却让人物选择掂了两只家养的甲鱼，自此一个鲜活的农妇形象已经非常生动。

> **“铁三角”的幕后写手**
>
> 2001年中央电视台春节联欢晚会，赵本山、高秀敏、范伟的小品《卖拐》成了晚会中的最大亮点，也让中国的老百姓着实回味了一年。一年后的《卖车》不负老百姓的期待，于是便有了小品界的“铁三角”的说法。而后“铁三角”又整起了电视剧。其实，“铁三角”的幕后有个极会抖包袱的写手，这就是《刘老根》的幕后导演、高秀敏的丈夫何庆魁。

随后，她见到乡长时的拘谨，靠笑声来缓解尴尬的气氛，都被高秀敏表现得非常生活化。在误会乡长“下来了”后，老高婆子的面部表情，以及在语言和称谓上的变化，都被她掌握得恰到火候。此外，在丈夫透露了家庭收入情况时，高秀敏的一声咳嗽；乡长不告知鱼塘归属，对乡长意图的妄加揣测等等，都合情合理，入木三分。

小品“忽悠”系列中的憨妻

特点：善良妥协

小评：高秀敏在“忽悠”系列中的“包袱”并不多，她的有限台词只是用于铺陈剧情、介绍背景。但是在她的精心安排下，却让作品产生了很好的节奏感。一开始，高秀敏所饰演的老婆对丈夫的欺骗行为表现出了不满，但一直是细声细语的好言相劝，可能受传统思想影响太深，她并不敢去忤

逆丈夫的意愿。高秀敏通过人物的一系列语言和肢体动作，将人物内心的矛盾处理得非常细腻。后来，她在不知不觉中成为丈夫的“帮凶”，开始替丈夫吆喝，一会儿却又良心发现劝对方别上当。

在面对利益，并被对方曲解好意之后，高秀敏所饰的人物最终选择了接受既得利益。在这个作品中，高秀敏一反早期的那种仗义执言、正直爽朗的形象，凭借炉火纯青的演技，将一个本性善良，却选择逃避妥协的小人物形象树了起来。仔细想来，这个人物比另外两个重要人物更真实。

《刘老根》系列中的丁香

特点：泼辣感性

小评：高秀敏在电视剧《刘老根》中对丁香的饰演是否成功呢？自播出后，观众们开始习惯性地称呼她为丁香，就已经给出了肯定的答案。她将东北农村中年妇女所特有的泼辣和感性表现得淋漓尽致。她可以为了维护意中人的利益和所有人为敌；可以在“人老珠黄”的尴尬年龄，鼓起勇气为悦己者容；甚至还会无故吃醋，施小伎俩耍小孩子脾气。高秀敏的表演从未脱离人物所应处的背景和环境，所以人物难免会有一些荒唐的举动和错误的观念。但是，高秀敏对这个人物是如此认同，从未有过一丝迟疑，所以当我们在看她和赵本山的情感纠葛时，都会暂时丢开对何庆魁的记忆。

《圣水湖畔》中的马莲

特点：坚韧自强

小评：编剧何庆魁在描述电视剧《圣水湖畔》时称，这是女版的刘老根。高秀敏则称自己在剧中演的马莲就是当代的李双双。在剧中，高秀敏继续了自己表演时爆发力强、感情真挚、语言朴实等特点。几十年的

农村基层生活让她演起来更加如鱼得水。此次，高秀敏的身上没有了丁香的“迂腐”，多了坚韧和执着，反复挣扎于各种残酷的现实之中。值得称道是，高秀敏在所有表现人物冲突的情节上，都感情充沛地进行了原生态的表演，让人叹为观止。对一些情节的细腻处理，更令观者情不自禁潸然泪下。

高秀敏谈心得

《圣水湖畔》的拍摄期间，记者曾问高秀敏：“好像这是你第一次做制片人，感觉怎么样？”当时高秀敏爽快地说：“感觉啊，就是累。以前和本山他们合作，我不用操那些心，本子都是现成的，你就一心一意地演好戏就可以了。现在老何是写一集拍一集，我就整天在片场盯着，晚上回去还要看剧本，做他第一个读者。每集本子给他把关，整部戏拍了 78 天，我每天大概就睡六七个小时，拍完的时候他们来祝贺，我心里就想，再也不想当制片人了。”

第六章　东方喜剧王——赵本山

人物名片

从小品舞台走进影视圈的赵本山一出手就创造了中国电视界的一个收视神话。

《刘老根》热播之时，在辽宁更是出现了50多家企业争相申请注册“刘老根”商标品牌的事情。

而他的经历，也充满了许多传奇和波折，在他给观众带来无穷快乐和享受的同时，他也在经历着许多磨难和考验。

第一节　走近人物

名人简介

赵本山，男，生于1957年10月2日，出生地是辽宁省铁岭市开原县莲花乡莲花村石嘴沟。

著名笑星、喜剧表演艺术家、国家一级演员、东北二人转国家级非物质文化遗产项目代表性传承人。全国青联委员、全国总工会代表、中国曲艺家协会理事、辽宁省曲艺家协会副主席、第十届全国人大代表、辽宁省政协委员、辽宁大学本山艺术学院院长、创立本山传媒集团任董事长。

赵本山的喜剧小品妇孺皆知、蜚声海内外，连续多年获得中央电视台春节晚会一等奖，被观众誉为“喜剧之王”“小品王”“东方卓别林”。

赵本山6岁时就开始跟二叔赵德明学艺。拉、吹、抛、打、唱、等样样精通，尤其是三弦功底尤为突出。

苦难的童年成了赵本山一生的财富，为其日后的小品、演艺生涯奠定了坚实的基础。

赵本山17岁入公社文艺宣传队，又入威远乡业余剧团，后借调西丰县剧团主演二人转。

1980年，辽宁省举办第一届农村小戏调演，赵本山在李忠堂与崔凯合作的拉场戏《摔三弦》剧中扮演盲人张志，一举成名。“摔”剧获演出一等奖。

当年，赵本山考入铁岭县剧团，担任主演并任业务团长。1986年被调到铁岭市民间艺术团。

那时，赵本山与潘长江在沈阳一起演出的拉场戏《大观灯》300余场，场场爆满，轰动东北三省。

赵本山主演的拉场戏《一加一等于几》、戏曲电视剧《双叩门》《过了这个村》《摘幌》等剧，获过许多国家、省级奖励。

1983年主演拉场戏《摔三弦》，1984年获优秀奖。

1984年拍摄电视戏曲片《摔三弦》，1985年担任男主角，1986年获首届中国戏曲电视剧“鹰像”三等奖。

1987年，在姜昆的推荐下“打入”了中央电视台春节晚会，开始了他更加辉煌的艺术人生。

1988年主演电视戏曲片《双送鸭》，获全国电视戏曲片二等奖。《双叩门》又获“金三角奖”。

1989年参加首届东北三省民间艺术节，参加辽宁电视台春节联欢晚会。

1990年主演拉场戏《1+1=？》，1991年获表演一等奖、最高探索奖。电视戏曲片《双叩门》，获东北三省电视剧“金虎奖”。主演拉场戏《麻将、

经典名言

1.不吃饱哪有力气减肥啊？

2.真不好意思，让您贱笑了。

3.我能抵抗一切，除了诱惑。

4.老子不但有车，还是自行的。

豆腐》。

1990年首次参加中央电视台春节联欢晚会。

1990年主演小品《相亲》获“双星杯”戏剧曲艺类第一名。同年拍摄的电视戏曲片《摘幌》担任主演，获“飞天”三等奖。

1991年获“十佳”演员第一名，节目为三个最佳节目之首。同年拍摄电视剧《过了这一村》，担任男主角，获“飞天”二等奖。

1991年经辽宁省文学艺术联合会、辽宁文艺新星评选委员会审定，被评为“辽宁文艺新星”。

1997年主演电视连续剧《一乡之长》，获辽宁长篇电视剧一等奖、最佳男主角奖。

1998年获“春兰杯”戏剧类一等奖。主演的电视剧《一村之长》，获飞天奖。

1999年拍摄的电影《男妇女主任》荣获年度中国电影华表奖“优秀男演员奖”“优秀故事片奖”，获中国电影百花奖“最佳男主角”，被辽宁省委宣传部命名为“德艺双馨”艺术家。

2000年7月，任电影《幸福时光》男主角。

2001年获“春兰杯”戏剧类第二名。

同年春，在中央电视台、中国电视剧制作中心联合拍摄的电视剧《刘老根》中，担任导演及男主角。电视剧《刘老根》在中央电视台1套播放，播放时，收视率空前。

2002年9月5日至10日以赵本山名字命名的“赵本山杯”小品大赛会同

经典名言

1、不是你不笑，一笑粉就掉！

2、人又不聪明，还学别人秃顶。

3、绑不住我的心就不要说我花心！

5、活着的时候开心点，因为我们要死很久。

中国首届铁岭国际民间艺术节在铁岭举行，社会好评如潮。

2003年成立辽宁省民间艺术团，本山艺术学院。

2007年MTV超级盛典获评内地最具风格男演员。

2007年拍摄《乡村爱情2》。

2009年参加影视《震撼世界的七日》。

2009年5月本山传媒与黑龙江卫视合作《本山快乐营》。

2009年9月30日凌晨，赵本山在上海突发脑出血入院治疗，后被紧急送往华山医院，其病情被初步诊断为"蛛网膜下腔出血"。经过多位专家精心治疗，半个月左右康复出院。

2009年10月13日至27日，赵本山在上海复旦大学附属华山医院住院。

2009年12月本山传媒与台湾东风传媒、华纳音乐、环球热力兄弟影音在北京刘老根大舞台正式签署合作协议，宣告三家娱乐集团强强联手，将打造华人TOP YOUNG偶像组合。

2010年4月底，赵本山出品，著名导演朱延平，编剧宁财神，拍摄电影《大笑江湖》，主要演员：赵本山、小沈阳、林熙蕾、热力兄弟（BOSS、赵晨浩）、台湾名嘴吴宗宪、香港喜剧明星曾志伟。

2010年5月29日，赵本山获得第三届华鼎之夜最具分量的"中国年

度最杰出艺术家成就大奖”。

2010年8月底，赵本山、小沈阳、王小利、博比肯、热力兄弟（赵晨浩、BOSS）主演《狗爷》电影全球海选。

2010年，成功地推出王小利。

2010年，与辽宁卫视合作拍摄了情景剧《来的都是客》。

2010年，携弟子小沈阳主演古装喜剧《大笑江湖》。

2011年2月，在“2011年CCTV春节联欢晚会我最喜爱的优秀节目评选”中，赵家班表演的小品《同桌的你》毫无悬念地获得了小品类节目一等奖，赵本山已十三度加冕小品王。

社会点评

赵本山是个大艺术家。

十几年前，来自东北黑土地的农民演员赵本山，把乡间的笑声带上了受国人瞩目的中央电视台春节晚会，使辽北小品这一带着原生态的幽默诙谐和泥土芳香的新鲜艺术样式，跻身于中国最高艺术殿堂，并在瞬间博得全国电视观众的满堂喝彩。

毋庸置疑，喜剧笑星赵本山是20世纪80年代以来获得国人最多笑声和掌声的小品演员，甚至有人把他称为“中国的卓别林”。著名学者、原上海戏剧学院院长余秋雨先生以一个戏剧理论专家的挑剔和独到眼光，将其目光长久地停留在赵本山身上。

12年前，他曾说过，赵本山是个大艺术家；12年之后的今天，他说：“赵本山的确是个大艺术家，今天他的表演更加炉火纯青。12年前被我们惊叹的艺术家，12年后成为被全国人民惊叹的艺术家。”

最近在铁岭召开了全国第二次赵本山小品艺术研讨会，会上，余秋雨先生给予赵本山及其小品艺术极高的评价：好多艺术家都是由民间产

经典名言

1、干掉熊猫，我就是国宝！

2、别和我谈理想，戒了！

3、跌倒了，爬起来再哭。

4、低调！才是最牛B的炫耀!!。

生，赵本山是个大艺术家，他在刚刚出名的时候我就有这个感觉。我真希望中国能有更多的文化名人，由每一个文化的起点出发，不断地提升、提升，然后他和他生活的那块土地上的文化都达到了一个新的高度。

辽宁省文联副主席、小品剧作家崔凯告诉记者："1990年第一次赵本山小品艺术研讨会在桂林召开，大家都没有想到余秋雨先生真能应邀到会，那次是他第一次看到赵本山表演小品，评价很高，当时我建议让赵本山去上海戏剧学院进修一下，余秋雨先生连忙说："万万使不得，上戏每年培养出上千名学生，但培养不出来赵本山，赵本山不是需要到戏剧学院进修的问题，相反他应该是戏剧学院教授研究的对象。""

赵本山的喜剧小品妇孺皆知，连续多年获得中央电视台春节晚会一等奖，被誉为"东北黑土神"。艺德高尚，成功不忘家乡，先后多次为灾区、为家乡希望工程修路捐款。

第二节 喜剧王与他的艺术

伯 乐

中国观众今天能享受到赵本山的小品艺术，应该感谢的人是姜昆。1987年，姜昆在辽宁铁岭偶然地看到赵本山的一场演出，之后他极力向中央电视台导演推荐赵本山，当时他说，辽宁有一名演员非常不错，他表

演节目，现场观众有的笑昏过去，有的笑岔了气，还有的笑得犯了心脏病，他的舞台即兴和现场调动观众情绪都相当出色，相当有魅力，这个人叫赵本山。

首次大型表演

1990年赵本山一走上中央电视台的春节晚会，辽北小品就在中央电视台生了根，每年的春节晚会要是没有辽北小品，观众就觉得这台晚会没有味道，十几年来，赵本山受到了亿万观众的深深喜爱。

赵本山小品缘何能受到观众喜爱？辽宁省文联副主席崔凯说，以赵本山为代表的辽北小品是根植于东北特有文化的一种艺术样式，带有浓郁的东北地方韵味，正是这种原生态的东北味征服了全国观众。

核心元素

东北气候寒冷，广袤的松辽平原一进入冬天就是农闲，漫漫长日，“猫冬儿”的人们靠什么过活？弄个火盆土炕上围坐一堆，唱地方戏“二人转”，讲故事、说笑话，你一句我一句，传统的，现代的，逗得大伙儿哈哈一笑，各种情绪、情感就都得到了宣泄。

可以说，东北恶劣的自然地理环境逼生了属于北方特有的文化，辽北语言充满了生动、鲜活的因子，生命力非常旺盛。

特别是地方戏“二人转”，男演员就叫“丑”，女的叫“旦”，三分“旦”七分“丑”，丑角在二人转里调解气氛，制造笑料，一串串即兴的说口，非常生活化，加之，东北人性格开朗、率直，说话一步

经典名言

1、请你以后不要在我面前说英文了，OK?

2、我这人从不记仇，一般有仇当场我就报了。

3、没什么事不要找我，有事更不用找我！

4、我又不是人民币，怎么能让人人都喜欢我?

到位，形成东北文化土层里特有的幽默感。

风　格

赵本山小品最大的语言特色首先是丰富、生动的口语，赵本山从“二人转”继承了一份重要的艺术遗产，这便是“说口”，他不但能准确掌握传统说口的节奏和韵律，还能根据现代观众的审美情趣，用现代词语以及乡村俚语创造出崭新的说口风格，语言节奏鲜明，十分上口，富有韵味，而且内含一种极富魅力的幽默感，一张嘴便妙语连珠，最没效果的词儿到了他嘴里也能创造出意想不到的喜剧效应，深得普通老百姓的喜爱。

其次，赵本山小品的语言看似轻松，却耐人寻味，“就兴你们年轻人连蹦带跳，又搂又抱，我们老年人就只能干靠。”《相亲》里徐老蔫一句话说到观众心坎里，让人捧腹大笑的同时，心里还有种酸溜溜的感觉，赵本山以自己对生活、对人生、对艺术的深刻理解和感悟，准确地抓住了各种人物的转折关系，也准确地抓住观众心理和情绪，每一句话、每一个字都能和观众的心理合上拍。

艺术作品

赵本山塑造的“蔫哏”系列，是他艺术作品里最耀眼的一道风景，他疲疲软软、拖拖沓沓，话头里带滑稽，善良里有狡黠，不时甩个疙瘩口，甩个小包袱，冷不丁冒出一句让人忍俊不禁的话。

小品《相亲》里，当马丫问什么叫“傻样”时，徐老蔫答：“这还不懂，搞过对象的人都知道，一般情况下，说出傻样这个词，那就百分之八十了！”还有“幸福”是什么？——“遭罪”。徐老蔫对马丫的一系列揶揄调侃，善意的捉弄，是爱到极致时的一种逆向表现，巧妙地烘托出老蔫对马丫的一往情深。

再有就是赵本山的语言极具喜剧意识，他在一系列小品中扮演了形形色色的喜剧人物，其年龄、身份、形象、性格各不相同，只有一点是共同的，那就是主人公万变不离其“丑”，扮相“丑”、语言“丑”、动作“丑”，他一本正经地扮演着一个个丑得不能再丑的形象，其结果却为广大观众奉献出令人心旷神怡的喜剧美。

> **2010年《捐助》**
>
> “就美国人牛成啥样了，这不今年也上咱这借钱来了嘛！扯啥玩意儿！”；“刚要有个家，就叫你给整个无家可归呀！”；“你好比当年的三毛，哪吒，金刚葫芦娃……”；“怎么全是小孩呀？”“大人谁能干出这事来？”；“在村里给寡妇挑水，在外头给寡妇捐钱，这辈子就跟寡妇有缘！”

如在《相亲》中赵本山为徐老蔫设计了蹒跚的步履、不时还低下头用脚尖蹭地等等形体语言，这些观众不觉丑，只感到好笑、逗乐，让人感到人物善良的本性和真实。

新的喜剧思路

“笑的制作者是可敬的，赵本山及其小品艺术拨动了时代的笑神经，使中华民族迎来了一个大规模的笑的时代。”

著名学者余秋雨对赵本山的小品艺术非常欣赏，他说：笑也需要一个由头，赵本山小品给人们提供了这个由头，艺术家经过高超的艺术，善良的挑逗，使人们开怀大笑，放松身心，愉悦情感，从农民到教授谁不需要会心地一笑呢。

与玉树灾区学子庆中秋

为了让在地震中走出来的孩子们过一个团圆的节日，赵本山携众弟子与灾区的孩子们进行一场联欢。

2010年4月14日青海玉树发生地震后，共有700多名灾区学生到辽宁省本溪市实验中学分校读书。孩子们特别拍摄了一段想见到赵本山的视频，孩子们动情地说："最远的山是喜马拉雅山，最近的山是赵本山。"赵本山接到视频后大为感动，立即决定2010年中秋与玉树灾区的孩子们一起过。

2011年，玉树的孩子们来到沈阳本山传媒，赵本山的中秋之夜还是与玉树的孩子们在一起。黑龙江卫视中秋晚会也全程直播该次联欢。赵本山亲自上场为孩子们表演节目，唱出对这些学生们的殷殷关切之情。小沈阳表演两个节目，王小利、蔡维利、唐鉴军等人也赶来助兴。

本山传媒帮助学校给学生做了很多具体的事，比如给学生完善饮水、淋浴、医药等设施。为了精心筹备该台晚会，本山传媒暂停正在进行的电视剧的拍摄工作，还为玉树孩子们特制了月饼，这份月饼里有藏区的特产干果，以解孩子们的思乡之情。

第三节　人生事业多元化的赵本山

赵本山从1990年起连续19年登上春晚舞台，他把一个草根艺人的辉煌演绎到了极致。但这并不是他人生的全部。

从2001年正月十五的那天起，赵本山开始悄悄地构建着一个属于他的演艺王国。这里既有中国老戏班儿的规矩、情分、做派，又主动学习现代企业的制度和法则。

这个机构名为本山传媒集团，以舞台演出为主业，同时经营影视制作、电视栏目、艺术教育等业务，横跨不同领域。

自从2005年从辽宁民间艺术团升格为本山传媒，赵本山已然完成了从

"春晚招牌菜"

多年来，赵本山的小品一直是春晚的"招牌菜"，多少人盯着电视机就为等赵本山出场"高潮"一把。而这么多年与赵本山合作过的范伟、宋丹丹，都已经淡出了春晚的舞台。就像宋丹丹说的，春晚可以没有宋丹丹，但不能没有赵本山，于是从1990年开始，每一年赵本山都会在春晚的舞台上奉献他的小品。

喜剧演员到文化商人的转型(从二人转到小品到喜剧演员)。他的企业被文化部授予除事业单位以外的"中国文化经济实体30强"。本山传媒的下属单位有辽宁民间艺术团、本山影视、瑞东文化发展有限公司、辽宁大学本山艺术学院。

本山传媒:演而优则商

沈阳人议论起谁房子买得远,总会戏谑地说:"过了苏家屯没?"按照大城市的标准,苏家屯其实一点也不远,距离沈阳15公里,从市中心开车到这里只需半小时。

苏家屯梧桐大街66号,便是"小品王"赵本山的大本营,他住这里的时间比在市区家里的时间还要长。

苏家屯的时钟缓慢而有规律。食堂每日开5餐饭,演员们10点开始练功,16点30分坐上驶向城里的客车,开始他们一天的工作,夜里22点回基地。未婚员工住在基地的公寓,已婚者在城里都有房子——赵本山为他们买的。

好像《刘老根》里的龙泉山庄,赵本山为自己和徒弟们经营了一个独立王国,它和一般的民营企业不一样。它曾经有过辽宁省文化厅派驻的党委书记，目前形式上有9个人的总裁班子，另外8个人，除了赵本山的妻弟——常务副总裁马瑞东以外,都是他雇用的经理人。

总裁刘双平原来是中央歌舞团的团长助理,副总裁有《乡村爱情》中赵本山扮演的王大拿的助理刘流、赵本山现实中的助理阿豪、《火炬手》的编剧徐正超……

身为董事长的赵本山拥有绝对的所有权与管理权，但说是家族企业也不准确,除了马瑞东,本山传媒的决策层基本上都是"外人"。工会吴主席说,

> **赵本山收徒的目的**
>
> "我收你们的目的,不是为了有几个徒弟整天围着我转，而是为了二人转这个艺术形式更好地发展。你们要尽全力,让二人转远离那些低俗的东西,让二人转受到人们尊重,让这门艺术雅起来。""我把丑话说在前头,做我的徒弟首先是要做好人,你们当中要是有人做人出现问题,我可要不客气地清理门户。"

赵本山去世的大哥、二哥和在世的大姐，都没有担任过企业的任何职务，他回乡时只管发红包，绝对不把家乡人安排在企业。只有姐夫孙辉，担任刘老根大舞台沈阳中街剧场的经理，他还不是一把手，上面还有党委书记。

从拍《刘老根Ⅱ》时，赵本山就开始思考家族企业的弊端，并为朴实的刘老根安排了一个颇为悲壮的结局。

而被朋友、手下形容为“中国最聪明的农民”“旷世奇才”，做生意从没赔过钱，“在产业投资方面足可以充当商业教材”的赵本山，在见过所有该见的世面之后，是不是能够摆脱小农经济的桎梏，演出一幕最成功的“演而优则商”呢？

事业根本——二人转

本山传媒的下属单位有辽宁民间艺术团、本山影视、瑞东文化发展有限公司、辽宁大学本山艺术学院。辽宁民间艺术团创立时有28人，是本山传媒的前身，他们的主要任务是在六个剧场演出二人转。沈阳有三个剧场，哈尔滨、天津、长春各一个，总裁刘双平告诉记者：“演出是本山传媒的主业。”

> **创业的激动**
>
> “我觉得没有任何一种艺术剧种比二人转更让人快乐了。我找着方向了，我要经营这个东西。当天晚上，我一宿没睡。真是激动啊。我脑子里转出了三件事情：搞个比赛，找人才；拍个二人转的电视剧，把这帮人的能耐弄出来；完事儿开个剧场，建个团。”

位于沈阳中街的刘老根大舞台是最红火、演员阵容最强的二人转剧场，也是这六个剧场中所有权属于赵本山的唯一一个，他们管它叫“旗舰店”，听起来很有国际大牌的风范。

中街是沈阳市的钻石地段，正对沈阳故宫，已有近百年历史，占地面积2993平方米，地上建筑物面积3125平方米。

2006年12月，有关部门将国有的沈阳大舞台剧场在沈阳联合产权交易所挂牌出让，挂牌价格为2521.91万元，但最终无人问津。

2007年7月，沈阳大舞台剧场再次挂牌出让，挂牌价格缩减为2269.72万元。这一次，有包括赵本山在内的三个买家参与竞买。这么好的地段，为什么第一次会流拍呢？该剧场的经理、也是赵本山的姐夫孙辉说：“钻石地段也有瑕疵，离故宫近，不能加盖、转向、扩建。

剧场过去是戏院，演出京剧、评剧，座位只有两层600多个。

从2003年4月1日起，赵本山的徒弟们开始在此演出二人转。”至于第二次的另外两个买家，孙辉的回答是：“那两家不知真假。”头两年的演出并不景气，2003年剧场门口挖大沟，后来又遇上“非典”，但从2005年起，6家刘老根大舞台财源滚滚，去年演出总收入5800万元，上缴利税1300万元。票价不断上调，最好位置的票从200元涨到330元，1小时内票就售光，门口常年有“黄牛”倒票。

据刘双平说，他们从不赠票，即使赵本山的朋友来，也由他自掏腰包请客。记者无意间看到本山传媒的一份《要情通报》，一篇标题为《大舞台打击票贩子成效显著》的文章写道：“在押送票贩子至派出所途中，内保队员石忠杨表现突出：一名票贩子掏出一把皱巴巴的钞票（数额约500元），欲行贿石忠杨，以图逃脱，被石忠杨厉声喝止，大手一挥把脏款打飞在地……”他在这里用的是“脏款”而不是“赃款”，很有幽默感。内保人员就是保安，仅能坐600位观众的中街剧场，就配备了40名保安严防死守。

二人转演员往往在田间地头表演，张小飞出名前，观众花1块钱就可以看他唱戏。演员们睡在后台的大通铺上，铺上睡着七八家，用帘子一隔，马力第一次见到张小飞时，他就和家人睡在板铺上。

有时候观众只有十五六个，和郭德纲最惨的时候差不离。而现在他有车有房，对外出场费叫到了四五万元。张小飞说：“前景老好了。”

2001年，已经远离二人转多年的赵本山，应高秀敏之邀去吉林玩，在闫学晶的丈夫开的剧场里第一次看到张小飞表演，当时他“躺在凳子上乐完了”，立刻收了张小飞作为第一批弟子。陆陆续续的，他搜罗东三省二人

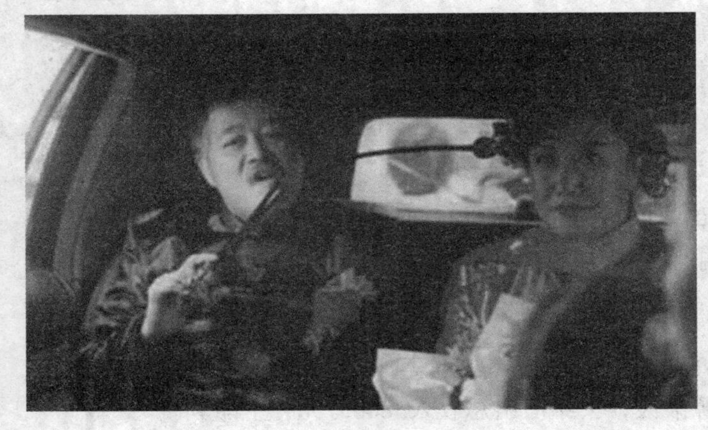

转人才，举办了“本山杯二人转大赛”，再加上听说的、朋友推荐的。2006年听说小沈阳的表演有特色，找到了在哈尔滨跑场子的他，两年内小沈阳就火遍了东三省。

马力认为，赵本山对二人转最大的贡献是提倡“绿色二人转”，净化“粉嗑”（脏口）。

二人转的传统是“老公公和儿媳妇不能坐在一起听，坐不住”，刘双平形容传统二人转是“不做爱的性场所”。赵本山想把二人转搬上大舞台，搬上电视，他考虑到，政府招待票是“刘老根大舞台”很大的一块收入，必须让“领导们也跟着哈哈乐”。

记者在“刘老根大舞台”看到的改良二人转，严格说来是小品，一共5段表演：先是男演员的单口笑话，中间穿插着模仿红歌星和一些绝活，比如倒立喝啤酒，然后女演员上台，俩人连说带逗唱一小段，这段唱不过五六分钟，两个人一共表演半小时。

张小飞说：“传统二人转很长，《摔碑记》唱完全本要一个多小时。”现在的观众哪有耐性听这个，他们对过于低俗的“粉词”也不像表演者想象得那么喜爱。

二人转是“猪大肠”，不洗或全洗都不行。孙辉说，赵本山从建设的第一年就提出改良二人转，这种改良在业内褒贬不一，有些人认为这根本不是二人转，是变相的小品。

二人转讲究说唱歌舞绝，形式感

一条龙事业

2006年，赵本山在沈阳棋盘山建设“沈阳本山影视基地”。还策划成立了本山传媒集团，自己担任董事长。集团下设广告公司、影视公司、影视基地以及实习基地。赵本山的生意，从头到尾都由他自己掌控。从演员的培养，到最后的产品影视剧和演出场所，形成了一条龙。

得以保留，但传统唱段在“刘老根大舞台”几乎不表演，尽管赵本山的弟子们大多都掌握几十套老唱段，马力很担心陷入恶性循环，观众不爱听，演员因此不爱唱，越不爱唱就越没人听。

二人转演员很少有正经念过书的，张小飞只上过两年小学，他们完全靠小聪明听别人唱后硬记下来，如果没人唱，自然也没有传承。创作者也不爱写二人转，赵本山开过几个笔会，请来作者写唱段，过一阵这些作者又都写电视剧去了。

赵本山对破坏“绿色”的徒弟毫不留情，主要手段是罚款，每个剧场都设有演出总监。

影视剧、文化产业与成本控制

央视为《乡村爱情Ⅱ》召开了一次研讨会，会上白岩松报告说：“这部电视剧的平均收视率为8.46%，最高收视为11.62%，超过了《新闻联播》，破了十几年来央视的收视纪录。”

赵本山过去执导的《刘老根》Ⅰ、Ⅱ，《马大帅》Ⅰ、Ⅱ、Ⅲ都有很漂亮的收视数字，这似乎也印证了他从未失过手的说法。

以农村小人物为背景的群戏《乡村爱情》，被认为是小品的集合，剧情散漫，为的是让所有演员都有表现的机会。

赵本山很有危机感，他要主宰自己的命运。他认识到，只做一名小品演员会被“央视”控制，如果有了自己的影视产

品，即使“央视”不播，还可以在各省台播出。他在一分钱贷款没有的情况下，办公司、拍影视剧，1998年就投资拍摄了电影《男妇女主任》。

> **赵本山管理艺术**
>
> “管理艺人，你光用制度去约束是不好使的。那都是野马，你上来就给他上套，绳儿会拉断的。我和他们之间，首先是感情化的，就像他们父亲一样，有时候比父亲尽到的责任还大。然后我给他们戏拍，让他们火，他就不敢得瑟了。最后我们把所有规矩形成制度，一条一条写出来，谁犯哪条，拿哪条钱。钱能治他们。罚款最多的，一下让他掏10万。”
>
> ——赵本山

因为是农民的儿子，赵本山在成本控制上非常有一套。

首先，他每次选景都只在一个地方——家乡铁岭地区的开原市。《刘老根》中的外景龙泉山庄凤舞山庄就是当地投资建设，现在已成为旅游景点。

其次，基本上他所有的演员都是自己的徒弟和员工，过去还有宁静、范伟等外人加盟。

据张小飞说，以后“师傅要全用自己人”。自己人意味着片酬几乎为零，孙辉告诉记者：“电视剧的演员全是唱二人转的，白天拍戏，晚上演出，开一份工资就得。”

开原距沈阳只有1个多小时车程，演员们两头跑，白天黑夜都不耽误干活。不仅演员，每个职员也绝不能只做一份工作。像吴一迪这样既演戏又当总裁助理的不止一人，赵本山本人的助理阿豪就在《马大帅》中扮演一个也叫阿豪的混混儿。

演出总监秦浩，既要监督舞台效果，又要担任钢琴伴奏、音响指导，白天他又是工会宣传。

就连员工公寓的服务员，晚上还要到剧场检票，一个萝卜好几个坑。刘双平说：“人尽其能是由于二人转本身的非专业化因素造成的，二人转演员在台上分饰好几个角色，同时兼任演戏、配戏、打板，甚至乐器，必须要最大化地利用人员，节约成本。”

赵本山在投资上极其小心，入主“辽足”被外界认为是失败的动作，他后来也非常不愿意提及这一段，说足球“太脏了”。

可实际上，本山企业并未在足球上投入一分钱，赵本山觉得上当是因为他浪费了时间、精力，被人忽悠了。他的第一桶金众人皆知是煤炭、钢材、运输，但他也不想回顾这段发家史，他迅速认清了自己的优势在文化产业，尤其是文化产业结构的调整。

刘双平在中央歌舞团工作过很长时间，他说，国家级院团每年演出100场左右，收入2000万元，他们要承载宣传任务，当然要完全自负盈亏也不合理。

相较之下，本山传媒和中央歌舞团人员相当，都是300多人，超过了任何国家级院团，每年起码拍两部影视剧，赵本山提出的口号是“打造中国文艺界最多的明星、打造中国最大的笑产业”，他和马力讲过他的“经济链”：二人转弟子们通过电视剧提高知名度，再回到舞台，名演员只要站在台上观众就会大把往外掏钱。

除了足球，他很少做不熟悉的投资，影视剧也绝不拍农村以外的题材。

记者看到一份“本山传媒集团影视剧本和故事征集启事”，征集范围是：当代乡村情感生活的故事、农民创业类故事、乡村文化生活类故事、农民工工作生活类故事、留守妇女、儿童类故事，紧靠9亿农民。刘双平说：“《乡村爱情Ⅱ》的收视没有统计农村，要是算上农村的，肯定高得吓人。”

徒弟出名后，有很多商演与他们接洽，赵本山对待徒弟的办法是“训完

名人名言

如果我有足够的精力、足够的钱、足够的演员，我会让大舞台像麦当劳一样，在全国连锁经营。十年后，我在各个省会都有一家大舞台，你想那是一种什么力量。如果我有三十个舞台，这一晚上会产生多少价值？

——赵本山

> **赵本山管理**
>
> 管理转型一:从个人品牌到公司品牌,"本山"不是人名,而是大众化娱乐产品。管理转型二:从师徒管理到组织管理,师徒化运作对应的是"小农"文化,组织化对应的是"公司"文化。

再哄"。

他和马力说:"我这些弟子,一个人有8个心眼,但谁也骗不了我。"记者采访"小沈阳"时,他情绪相当低落,原来当晚要开会批判他和另外几个演员私自走穴。

赵本山不在场,他写了一份处理意见,上面有4个字"我很痛心"。

有一位演员被撤销了艺术团副团长的职务,取代他的另一位演员明显带着新官上任的兴奋劲,连夜写了工作计划汇报。

孙辉说,没片酬弟子们也要抢着上戏,每个人都得轮到,不然还不高兴。这些徒弟私下里管赵本山叫"老爸",张小飞和"小沈阳"都说,"头都磕了,和老爹一样一样的"。他们在与公司签合同的时候连看都不看一眼,没啥可看的,东北人觉得情感比合同重要。

压轴的名演员与唱头码的新演员报酬差两倍以上,他们的年终奖并不多,一般是三五千元,"高兴了也没准,过年发一大把红包"。有一年的年终总结上,大弟子李正春的遗孀从赵本山手里接过了10万元,他家的生活今后也由赵本山负责。

徒弟两口子打架闹离婚赵本山也要管,他用"感情+竞争"拴住徒弟的心。人品好、走红的徒弟他会更宠爱一些,上戏的机会也多,所以弟子们要争相表现。

不一样的赵本山

上世纪70年代末,在辽宁省文联曲艺家协会工作的马力跟着"五七干校"下放到铁岭,与赵本山相识。解放前二人转分为"高粱红"和"四季青"两种唱手,前者农忙时还要种地,后者农忙时到煤矿、大车店去表演,唱二人转几乎是东北农民子弟摆脱扛锄头命运的唯一方式。

赵本山从小被父亲遗弃,吃百家饭长大,他的童年除了饿还是饿,

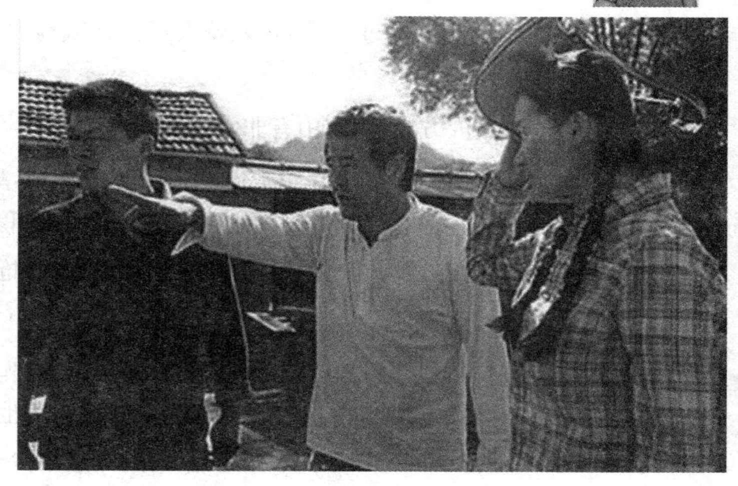

有一年过年吃上了一顿饺子，他撑得直不起腰。

为了改变自身处境，赵本山“文革”时在莲花公社毛泽东思想宣传队唱二人转，记工分，1977年，他进入了铁岭县文工团，当时还是农村户口。不久后，在盖县农民会演上，赵本山表演了《摔三弦》。1987年，赵本山表演的《瞎子观灯》引起轰动，很多农民撵着剧团跑，在沈阳就演了五六百场，赵本山因此得到了梦寐以求的城镇户口。

1989年，日本富山举办了国际话剧节，辽宁民间艺术团派出3个节目：潘长江的《猪八戒拱地》、黄晓娟的《梁祝》和李静、赵本山的《马前泼水》，马力是团里的艺术指导。

当时日本宾馆里都有冰箱，谁也不敢吃，太贵了。赵本山说：“我请客，都在我屋吃。”

别人都把衣服泡澡盆里洗，只有他送到洗衣房。最后一结算，是大会报销，其他人后悔得捶胸顿足，说便宜都让赵本山占了。从这件小事就可以看出他的胆量，敢花他认为该花的钱。

那年“春晚”是赵本山最累的一年，他在演出前7天7夜没有合眼，自己偷偷哭了几回，决定以后再也不上“春晚”了。

年后他带着家人和高层员工，到美国玩了一圈，才缓过劲来。在迪斯尼乐园，他强迫自己11岁的儿子坐“飞流直下”，什么危险就逼他坐什么。

不仅逼儿子，他还逼公司其他老总坐太空船，不坐就表示不够勇敢，甩得刘双平眼泪飞出来，工会吴主席耳鸣打点滴。赵本山开玩笑说：“没听说过迪斯尼死过人，不死人就没事。在基地也整个过山车，刘总犯错误就让他坐。”

在用人方面，赵本山有非常大的随意性。

他某次拍广告，认识了厂家的代言人吴一迪，立马就让她来自己公司上班；去云南拍《落叶归根》，他从当地带个司机回家；去满洲里谈合作，把一个舞蹈演员及其父母都带回来；在开原拍戏时抢救的一个司机，也成为他企业的员工。

他看人只凭第一印象，如果第一眼不对，他就再也不会喜欢这个人。赵本山的员工基本都是他的“粉丝”，刘双平认为他非常神奇，“1万元一沓的钱，他捏一下就知道少一张还是两张，车速多少迈他不看表就知道”。马力也认为赵本山是“全中国最聪明的农民”，他只学过三四天钢琴，还是在不怎么认识简谱的情况下硬背的，就敢上台表演，虽然指法全错了，但比在音乐学院学习过两年的马力弹得还流畅。

赵本山有很唯心的一面，除了依靠直觉和面相识人，他还不和属兔的人交往。他父亲属兔，从小不管他，尽管他为父亲养老送终，内心还是有阴影；他做生意时吃过几次属兔的人的亏，他自己又属鸡，于是深信鸡兔相克。

赵本山前半个小时还在舞台上唱歌、拉二胡，后半个小时就在同一个地方开大会给员工讲经营管理，他的角色转换没有凝滞。

在东北，不是所有人都对赵本山没有微词，但要具体说他的缺点，众人都保持沉默，在他们心中，赵本山在某种意义上已经成为东北的名片，具体曲折处，不足为外人道。

人物评价

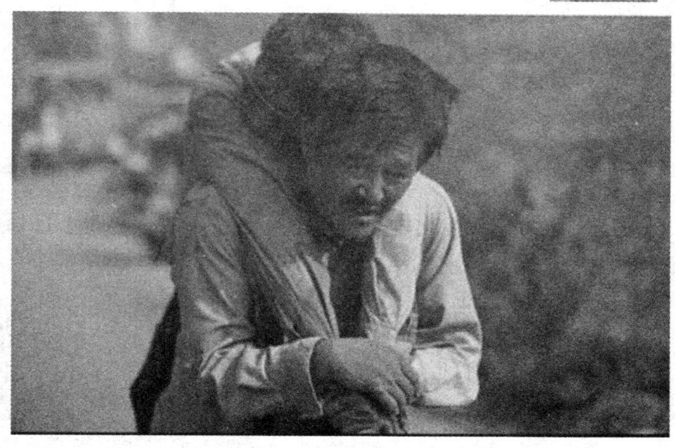

赵本山的喜剧小品连续多年获得中央电视台春节晚会一等奖，被观众誉为“红笑星”、“中国笑星”等美誉。艺德高尚，成功不忘家乡，先后为灾区、为家乡希望工程修路捐款近千万元。《刘老根》《刘老根2》电视剧中担任导演和主角，把中国影视喜剧向前推进一大步。把乡间的笑声带上了中央电视台春节晚会，使辽北小品这一带着原生态的幽默诙谐和泥土芳香的新鲜艺术样式，是20世纪80年代以来获得国人最多笑声和掌声的小品演员。

第四节　个人述说自己成功路

苦孩子的幸福童年

我是个孤儿，读书的时候，我很淘气，当时觉得没有父母最大的好处，是老师家访找不着人。

当时我跟着二叔学艺，拉二胡、唱三弦，他是个盲人，盲人的心思重，耳朵很灵敏，每次都是他听旋律，我看舞台表演。学会了三弦，也模仿出了盲人的感觉，我可以说，全中国演盲人戏谁也演不过我。

事实上，盲二叔就是我的艺术启蒙老师，我就是演《大观灯》的盲人首先红遍东北的。

赵本山门规

“诚信为本，善良为根，道德至上，从艺为民，勤学苦练，才艺求深，孝敬长辈，扶携同门，遵纪守法，德艺双馨，报答社会，永记师恩”。

坎坷的明星路

1986年我到了铁岭剧团，现在我的正式身份还是剧团的演员。最早，我和潘长江在沈阳一起演二人转《大观灯》，连演200多场。可能太轰动，惹了别的剧团，就有好几百盲人堵在剧场门口砸场子，说要把赵本山眼珠子挖出来。

但真正发现我的伯乐还是姜昆。当时他带领中央说唱团到铁岭演出，当地人说还没铁岭剧团演得好，姜昆就把我们剧团找来，他们坐在体育馆的观众席，看我们给他们演出。刚开始20多位北京艺术家坐在座位上，后来全笑得趴在地上。姜昆向我要了一盘带子，说要带回中央电视台推荐上春节晚会。我没当回事，忙着和姜昆、郭荃葆等人合影，激动得连耳朵都在颤抖。

四上央视遭拒绝

后来，春节晚会真的来找我了。当时邹友开主任、李双江等三人在铁岭的招待所见了我，要我在房间里演一个节目，我说我给你们三张票到体育馆看吧，那里效果好，当然三人拿了票也没看演出，扭头就回北京了。经人点拨，我才知道得罪他们了。不过，邹主任还是把我召到了北京，但我每

年都被打道回府。

有一年剧团让我带着十瓶茅台酒送礼，我的确不知道往哪儿送，害怕被拒绝，就在梅地亚宾馆一天喝掉一瓶，正好到了第十天我被通知回家。后来我和团长说，十瓶酒全送出去了，人家还是不喜欢我们的节目。

经典名言

1.没有劳动人民,你吃啥穿啥?没有劳动人民,你还臭美啥? 劳动人民是最伟大的!

2.卖拐把他忽悠瘸了,卖车把他忽悠茶了，今天在十分钟之内我要不把他摆平,我就没法跟你们俩当教师爷了!

更大的笑话是，1988年春节联欢晚会已经定下我参加哈尔滨分会场的演出，而且节目提前录了像，全铁岭的人都知道我上了春节晚会，但后来我的节目却没播，我却一直等到电视里打出“再见”。一年后的国庆晚会，我才第一次在央视亮相，紧接着就是1990年春节晚会的《相亲》。连续三年我都是节目一等奖，1994年我因为家里有事，很晚才到春节晚会剧组报到，导演组嫌我架子大，就坚决没让我上，这是我唯一被封杀的一次，但也特别教育了我。

《刘老根》是新尝试

《刘老根》是我第一次担任导演，这是受张艺谋的影响。我演过他的《幸福时光》，他的朴素、平和、实在很让我感动，对我影响很大。其实，我不习惯影视表演，不过想想有机会还是应该自己导个片子，不麻烦别人，另外，也看看自己的能耐，我想自己用心做，就会做成。其实，我一直有种恐惧，万一有一天我的小品逗谁谁都不乐，我该怎么办?尝试做些新东西，也算是学习。

经典台词

1998年《拜年》——下来了，因为啥呀，腐败啊！耗子给猫当三陪——赚钱不要命。

2000年《钟点工》——小样儿，脱了马甲，我照样认识你；我求了一辈子幸福，到老了，明白了，幸福是什么？答：幸福就是遭罪；走了，伤自尊了，太伤自尊了；你穿个马甲我就不认识你啦？

2001年《卖拐》——脑袋大，脖子粗，不是大款就是伙夫；信不？不信！走两步；生活在一起的两口子，怎么差距就那么大呢；缘分啊缘分。

2002年《卖车》——由于你没有坚持拄拐，导致了病毒迅速地往上涨，两条腿有两条大筋，好比是两条高速公路，病毒以每小时180公里的速度速速往上转移，你完了，无情的病魔正在吞噬着你的健康细胞，一个崭新的植物人即将诞生/你别整那个事儿，就咱这个智商抠出来上秤约，比你多二斤。

树上骑（七）个猴，地下一个猴，请问有几猴？（八个猴。）错。（俩猴。）正确！

忽悠，接着忽悠。

2005年《功夫》——别着急，先拨个骚扰电话；今早我一开圈门，老母猪以每秒八十迈的速度向前疯跑，咣当撞树上——死了，为什么？听说他

不当厨师改防忽悠热线了，竟敢扬言不再上当受骗了，残酷的现实已直逼我心理防线了，今年我要不卖他点啥，承诺三年的话题我就没法跟观众兑现了；拐一年摇一年缘分哪；吃一堑长一智谢谢啊；横批——自学成才；（范伟）；这个世界太疯狂了，耗子都给猫当伴娘了；你打我两下——你下不去手！你骂我两句——你张不开嘴；这造型挺别致啊，非常六加七啊（范伟）；猪也是这么想的（范伟）。

2006年《说事儿》——你大妈已经不是你6年前的大妈了，你大爷永远是

你大爷!

2007年《策划》——一只公鸡,它要下蛋,不是它的活它要干,丢不丢人哪?是吧?丢不丢鸡?同行们怎么看他?鸡怎么看他? 鸭子怎么看他?大鹅怎么看它?今后在文艺界怎么混?你看……

红高粱模特队经典台词

正愁没人教,天上掉下黏豆包;猫走不走直线,完全取决于耗子;范老师,我觉得劳动者是最美的人!没有普天下劳动者的辛勤劳动,吃啥?没有劳动者的劳动,穿啥?吃穿都没了你还臭美啥?

2008年《火炬手》——感谢铁岭TV,辽宁TV,将来还有可能感谢CCTV,感谢我的家人,我的朋友,我的粉丝,那些忠实的"白鼠"们,没有你们,就没有我白云女士的今天。

今天在这个盛大的场合,我要泄露一个深藏多年的秘密,我是一个早产儿,我来到这个世界,说的第一个单词不是妈妈而是爸爸。

我从小与火结缘,我三岁就好玩 火,给家里引起一场巨大火灾,六七岁我不小心贴上了火盆,至今臀部还有印记,十几岁我踏上火车,经过一个伙夫介绍认识了一个让我上了一辈子火的黑土,从此 过上了水深火热的生活。

我经常扪心自问,为啥 我火烧火燎地来到了人间,为啥 我与火结下了不解之缘,今天我终于明白了,我就是为 奥运火炬手而生的。

第七章　星爷的无厘头世界

人物名片

他开创了"无厘头"的表演方式，他的名言名句、举手投足被影迷争相效仿，他被誉为亚洲最具票房号召力人物之一，被尊称为"星爷""喜剧笑匠"。有人称其为"后现代解构主义大师"，在他的无厘头或者说后现代主义解构手法的后面，他让人们了解到，原来好的喜剧是应该让人流泪的。没有梁朝伟的迷人，亦没有刘德华的英俊，却和他们一样在香港电影史上占有举足轻重的地位；出道时是不闻其名的路人甲、小兵乙，而今却集导演、演员、创作人于一身。周星驰这一路走来不轻松，他的演艺生涯被人们视为一个传奇。

第一节　走近人物

个人简介

周星驰(StephenChow)，1962年6月22日生于香港，出身平民，成长于单亲家庭。著名电影演员，兼导演、编剧、电影监制以及电影制作人。曾与吴孟达是"黄金搭档"，曾主演《九品芝麻官》《大话西游》《食神》等多部喜剧影片，自导自演《喜剧之王》《功夫》等影片。有香港"喜剧之王"之称，亦是"无厘头"电影始祖，在华人世界具有极大影响力和知名度。曾捧红过张柏芝、黄圣依、张雨绮等女星。其与成龙和周润发并称"双周一成"，意为香港电影票房的保证。

1988年，凭借电影《霹雳先锋》获得第25届台湾电影金马奖最佳男配角奖。

1991年，凭借电影《赌圣》获第10届香港电影金像奖最佳男主角提名。

1992年，香港十大最受欢迎艺人第二名；香港最受欢迎喜剧演员；香港电台灿烂笑容第二名；杂志《PEOPLE》评选的最有趣男明星第一名。

1994年，凭借电影《武状元苏乞儿》获得第13届香港电影金像奖最佳电影提名，获得香港十大红人第一届金彩虹演艺人奖。

2002年，凭借电影《少林足球》获得第21届香港电影金像奖最佳电影、最佳导演、最佳男主角和杰出青年导演四项大奖。此外，《少林足球》还获最佳男配角、最佳音响效果、最佳视觉效果奖，成为21届金像奖大赢家。

早年经历

多年前，李照兴就曾经写过，从《少林足球》起，周星驰就吹响了脱离香港的鸣哨，而《功夫》则是周星驰在极力不重复自己的前提下，对既往世界的一次终极清算。

《小刀会组曲》响起，斧头帮跳出猪笼城寨，近百年的粤语电影浓缩在一部《功夫》里。香港电影工业在上世纪90年代的喷发，练就了周星驰这颗铜豌豆，而他的野心也让他不甘心继续留守这块不再被创意激发、而是被太多体系约束着的弹丸之地。

同是香港电影鼎盛时代的大人物，周润发被唤作“发哥”，梁朝伟、刘德华被唤作“伟仔”、“华仔”，只有周星驰，人前人后、观众媒体，都齐齐叫一声“星爷”，这其中的滋味，不纵贯几十年香港影坛，看透大开大合大善大恶是无从体会的。

回溯周星驰从影之初的旧时光,很难想象这个小子会成为在香港电影史上占据重要地位的巨星。

他并不是演艺世家出身,从小和四个姐弟一起在单身母亲的抚养下成长,长相清秀但个性不突出,书读得一般,打工也不大赚钱,要说与电影的干系,或许只是疯狂崇拜李小龙,他小时候在戏院里看的第一部电影就是李小龙主演的。

名人评价

陈嘉上观点:周星驰的成功是一个神话,在喜剧不被重视的年代,周星驰的高难度的表演才能冲出来,现在的喜剧表演如果还那么来,只能是死路一条。周星驰的两个特点:一、演员往往最怕自己的角色被别人嘲笑,但周星驰却以此为乐,认为被嘲笑是角色成功的一部分;二、周星驰的出身对他有着深远的影响,他是真正的"草根",吸收的是粤语片、电视剧和日本漫画。

那部影片让他感觉心中有一团火在熊熊燃烧,接连又看过几部李小龙主演的电影后,立志做一个武术家或一个演员。中学快读完的时候,受当时电视长剧热潮的影响,他和许多同龄人一样迷上了当红明星,也进一步萌发了做演员的愿望。

那时候他和梁朝伟一同做着演员梦,一起鼓捣了一个八分钟的短片,周星驰自任导演并出演正面男主角,安排梁朝伟演一个恶贯满盈的大反派,又拉他一起去报考无线电视台艺员训练班,结果,就像那种戏剧化的电影情节一样:陪玩的梁朝伟一举高中,热情澎湃的周星驰却落了榜。

第二节 星路坎坷终成大器

初入影圈诸多不如意从跑龙套开始

周星驰,祖籍浙江宁波,父亲是上海人,母亲是广东人。1962年6月22日出生于香港。他在茶楼当过跑堂,在电子厂当过工人。中学毕业后考入无线电视台第113期夜间训练班,在1981年左右首先做丽的电视(ATV亚

洲电视的前身)特约演员,但未正式入行。

那是1982年的春天,周星驰还未满二十岁。

倔强的性格,充沛的表演欲望,不达目的誓不罢休的精神,从那时开始,已经在这个年轻人的身上逐一体现。拉上梁朝伟(梁朝伟当时对演戏并不感兴趣)报考无线电视艺员11期训练班,结果被录取的却是梁朝伟,几经周折之后,周星驰终于挤进了艺员训练班夜间部,走上了自己向往的演艺之路。

然而荧屏生涯远不如期望中理想:当梁朝伟已经开始演出有名有姓的配角的时候,他只能在同一部剧集里少少露面几个镜头;当梁朝伟已经被包装为"五虎将"的时候,他还是《射雕英雄传》里身兼数职的龙套,尽职尽责地向导演建议"我伸掌挡一下再死吧"。

当梁朝伟因为身价暴涨而被调离儿童节目《430穿梭机》的时候,周星驰终于得到了一个不知能不能算作机会的机会:代替梁朝伟成为《430穿梭机》的主持人,一做就是4年。

最经典的演出是单元剧集《黑白僵尸》。当时有记者写过一篇《周星驰只适合做儿童节目主持人》的报道,周星驰把这篇报道贴在墙头,以此提醒和勉励自己,一定要创一番像样的事业,让人们刮目相看!

周星驰绝不甘心只做一个儿童节目主持人,他对自己的演艺事业始终抱有梦想,始终不肯松懈,尝试写剧本,揣摩经典影片,精读理论,钻研演

《大话西游之仙履奇缘》经典台词

"你应该这么做,我也应该死。曾经有一份真诚的爱情放在我面前,我没有珍惜,等我失去的时候我才后悔莫及,人世间最痛苦的事莫过于此。你的剑在我的咽喉上割下去吧!不用再犹豫了!如果上天能够给我一个再来一次的机会,我会对那个女孩子说三个字:我爱你。如果非要在这份爱上加上一个期限,我希望是……一万年!"

技,却始终没有表现的机会,就算鼓起勇气去电影公司投递了报名表,终究是连老板的面都见不着。

1987年他被派演戏剧,参演的第一个剧集是《生命之旅》,之后他又主演了《他来自江湖》等剧,其中最得好评的是《盖世豪侠》,他在该剧中开始显露他那独特的表演风格。

遇贵人星途转折

周星驰在跑龙套跑了七八年后,1988年的一个晚上,他在舞厅里消磨时光,遇到了万能电影公司大老板李修贤,这位著名电影制作人与他简短交谈之后,送给他一个演艺生涯中宝贵的转折点:邀他在自己的新片《霹雳先锋》里扮演一个浪荡江湖的小弟。

没有几个演员的影坛处女作能像周星驰在《霹雳先锋》中的表演那样驾轻就熟,圆转如意,根本看不出是一个初登银幕的新人。

这部影片使他拿到了金马奖最佳配角奖,也获得了金像奖最佳配角和最佳新人双料提名,不仅得到影坛关注,也引来了电视台对他的重新审视,给他更多机会在电视剧里扮演重要角色。他非常感激李修贤,将李视为他的伯乐恩师。于是,他开始主演长篇电视剧《盖世豪侠》《他来自江湖》。

经典台词

1.“我对皇上的景仰有如滔滔江水连绵不绝,又有如黄河泛滥一发而不可收拾。”

2.“做人如果没梦想,跟咸鱼有什么分别?”

3.“只要用心,人人都是食神。”

4.“人是人他妈生的,妖是妖他妈生的,只要你有一颗善良的心就不再是妖,是人妖。”

在两剧里,他总是那么痞痞地坏坏地,行事出人意料,言谈不着边际,但是仍然让人感觉亲切可爱,更能让人捧腹大笑,许多的小朋友、年轻人,就是在一年又一年追看这些表演的过程中,与他和他的作品一起成长。

缔造星爷无厘头时代

周星驰式的无厘头影片深受欢迎,周星驰的影片也开始爬上了年度

票房冠军亚军的位置，从这部因为王晶导演的《赌神》大受欢迎后而诚意搞笑的《赌圣》开始。

1990年8月上映的《赌圣》以4133万港元的票房成绩成为年度冠军，12月上映的《赌侠》则以4034万港元的票房成绩排名第二，而九月上映的《无敌幸运星》也以1880万港元的成绩排名年度第十名。

随后的1991到1993年连续三年，依然是周星驰的影片取得冠军，而且1992年的年度票房前五名全部都是由他主演，即《审死官》《家有喜事》《鹿鼎记》《武状元苏乞儿》和《鹿鼎记2神龙教》。

他那非逻辑性和带有神经质的演技，开创了"无厘头"文化，成为香港普及文化的重要一环，而他担纲演出的电影更是屡破票房纪录。1992年他因主演《审死官》而获亚太影展最佳男主角奖，1996年他因主演《西游记大结局之仙履奇缘》获第一届"金紫荆奖"最佳男主角奖。

1994年到1999年可以说是周星驰的转型阶段，其票房也只有一部《喜剧之王》在1999年时成为年度冠军。

这时期的周星驰已经不再仅仅满足于之前的那种无厘头式的创作，而试图在影片中融入更多的正剧甚至悲剧的成分，使得个人的喜剧才华与创作才华更好地结合(这也为新世纪周星驰独立导演而票房与口碑一再创新高而打好了基础)，如他参与编导的《国产凌凌漆》，无论是表演还是风格手法都比较克制，并融入一些黑色幽默的元素，而一反当年的"尽皆过火，尽皆癫狂"的风格。而他主演的《大话西游》《喜剧之王》等尽管不能再现当年票房上的辉煌，却留下相当不俗的口碑。

蛰伏创作重磅出击

周星驰的电影里，讲述的都是小人物的故事，在他的电影世界里，没有什么盖世英雄。并且，周星驰电影的角色都是受到挫折，最后才成功的。

他坦言自己初出道时也曾受过白眼，听过不少诸如“就凭你？”“你行吗？”之类的话。2001年，周星驰的《少林足球》取代成龙的《警察故事4之简单任务》，成为香港电影史上港片新的票房冠军，星爷再次光芒四射，朗照日月。

随后的两年，周星驰再次蛰伏创作，直到2004年才推出新作《功夫》。这一次他不再专注于个人表演而更多地致力于团队协力和影片的整体创作，使影片的意蕴更深，气势更大，更加明显地突破香港文化的樊篱而充满了对人之共性的崇敬与悲悯，《功夫》不仅在华人世界得到共鸣，在海外市场亦受到广泛欢迎，一经上映即打破中国华语电影的纪录，并在多个电影奖次中获得提名。

周星驰自己虽然在最佳导演和最佳男主角的角逐中落选，却成功地使《功夫》拿到了年度最佳电影这个最重要的奖项。就连当时获得最佳导演的尔冬升都说本以为最佳导演是周星驰得。无奈评审制度不同，星爷与此奖项失之交臂。

周氏神话仍继续

周星驰是圈中巨富，他拍戏、炒股、炒楼，周星驰借壳上市进驻上市公司帝通国际，并改名为比高集团有限公司，自己出任执行董事，任期5年。2011年3月29日，周星驰增持比高集团，涉资6105万港元，目前其持股量已达56.2%，成为第一大股东。周星驰联合中华影业计划三年内拥有36家影院。

不过，周星驰的最经典一役还是将"天比高"大宅拆了重建，预计可获利近20亿港元。

日前，比高集团与中华影业签署了谅解备忘，双方成立合资公司，计划在内地投资及管理高端数码影院。在合资公司中，比高集团持股70%，中华影业持股30%。

三年内拥有36家影院

2010年5月，周星驰借壳上市进驻上市公司帝通国际，并改名为比高集团有限公司，自己出任执行董事，任期5年。

2011年3月29日，周星驰增持比高集团，涉资6105万港元，目前其持股量已达56.2%，成为第一大股东。

按照备忘录，中华影业将以成本价将影院项目转移到与比高集团合作的合资公司，在成立合资公司三年内，将投资36家影

周星驰经典台词

1.三十多年前，我上中学的时候，我真的时时刻刻都会想着她，有时候撒尿都会突然间停一下，然后想起她，心里甜甜的，跟着那半泡尿就忘了尿了。

2.啊！师父的思维，果然天马行空仿如逆水行舟，厉害不愧以点子称王。

3.好！他想都不想就塞进去，不愧为一荡气回肠的好汉子。我爱你!!!

院，影院银幕不少于260个，影院座位不少于3万个。

比高集团的执行董事陈昌义表示，要在内地开设12家影院，最早的4家会在上海、重庆以及广东东莞开设。未来也计划在天津、杭州、西安、大庆、成都等地开设影院。

比高集团的财务总监严启铨表示，未来三年每间影院票价约30元至40元人民币，而且总体收入不仅看票房，也要包括相关的餐饮，以及电影衍生品等。

第三节　作品简介

1990年《赌圣》

1990年，周星驰在演了一系列小弟小偷小痞子小坏蛋之后，接演导演刘镇伟的新片《赌圣》，扮演一个修成正果的江湖混混。

这部电影本是头年票房冠军《赌神》的跟风之作，小成本速成电影，却

星星奇遇139

2009年1月11日星爷在广州召开新闻发布会，宣布建立在内地的唯一个人官方网站"星星奇遇139"。星爷通过"星星奇遇139"发布自己的影视的最新消息与个人生活分享，并建立粉丝圈、电影圈、运动圈、玩乐圈、世界圈提供给影迷，分享自己的想法。

在天才导演和天才演员的合作下爆出惊人火花，其引人入胜的剧情，夸张搞笑的细节，切合时代特征的新鲜元素，加之周星驰极具个人特色的表演风格，一举轰动全港，票房狂收4132万，打破香港开埠以来票房纪录，周星驰自己也首次获得金像奖影帝提名。

同年，善于捕捉商机的导演王晶邀请周星驰合作同类型电影《赌侠》，又获得4030万的票房，与《赌圣》一起名列全年票房榜的冠军和亚军。周星驰在这短短半年的时间里全线飙红，成为影坛最为抢手的大明星，昵称也由"星仔"变成了"星爷"。

一个人的成功有可能貌似突如其来，但是细细探究，总有其脉络可寻。周星驰守候多年，终于等来了让自己尽情发挥的电影，与自己在形象、个性上都十分契合的角色，将自己累积的艺术探索，生活积淀，表演技巧，个人感悟，志向与激情，全面释放出来。

在1992年香港年度十大卖座影片前十名中占了七席，前五名全部是他的作品，更凭又一次打破票房纪录的《审死官》获得亚太影展影帝大奖，这一年被影坛称为"周星驰年"。

继1993年以《唐伯虎点秋香》连续第四次拿到票房冠军后，周星驰不再满足于一味迎合观众的需求来搞笑，其作品越来越多地体现了作者的人文关怀和对生命对世界对理想的思索，虽然许多观众不太适应这笑中带泪的处理方式，不成熟的探索也使影片时常显得不伦不类，水准忽高忽低，但是这些努力也使周星驰逐步实现了自我

突破并获得了文化上的认同。

1995年，周星驰与刘镇伟苦心创作的《西游记第101回之月光宝盒》和《西游记完结篇之仙履奇缘》上下集推出，当年票房反应惨淡，却在其后的几年里借盗版市场猖獗和互联网普及的东风而风靡内地，成为内地青年观众评价最高的经典影片之一，甚至在一定程度上影响了整整一代人的情感理念和表达方式，尤其是在网络上的影响至今可见。

《唐伯虎点秋香》经典台词

1. 一乡二里共三夫子不识四书五经六艺竟敢教七八九子十分大胆，十室九贫凑得八两七钱六分五毫四厘尚且三心二意一等下流。

2. 凭你的智慧，我唬得了你吗？

3. 先生：我左青龙，右白虎，老牛在腰间，龙头在胸口，人挡杀人，佛挡杀佛！

4. 实不相瞒，小弟我就是人称玉树临风胜潘安，一枝梨花压海棠的小淫虫周伯通！

周星驰也在香港人迷惑的目光中进入文化圣殿——北大讲堂讲学，虽然他自己老老实实地承认对“后现代解构主义大师”等观众加给他的光环一知半解。

九十年代后期的周星驰逐渐减产，更多地参与影片创作，多次正式列名为出品人、编剧和导演等等。

《喜剧之王》是比较明确地传达周星驰人生感悟的一部作品，小人物尹天仇对电影梦想的苦苦追求，与同是天涯沦落人的柳飘飘的凄凉爱恋，一遍又一遍执着重复的“其实我是一个演员”，都让观众在微笑的同时更感到震撼与心酸。

这部影片使周星驰再次夺得票房冠军，也使新人张柏芝崭露头角，在影评界却是褒贬不一。

2001年《少林足球》

2001年，周星驰经过两年的倾心制作，推出了第一部真正意义上的“周星驰作品”《少林足球》，面临生死危机的香港影市掀起观影狂潮，创下6100多万票房的奇迹般的纪录。

香港影坛仿佛直到此刻才大彻大悟，这位已经四次打破香港票房纪

录、六次拿到年度票房冠军的传奇影人终获得七个奖项，周星驰先后四次上台领取了最佳电影奖、最佳导演奖、最佳男主角奖和杰出青年导演奖，也成为金像奖历史上的一个奇迹。

颁奖嘉宾、张敏仪在将奖座颁给周星驰时说了一句意味深长的话："我很高兴颁这个奖给你，因为你令很多香港人在不开心的时候都可以笑。"

第八章 E时代的音乐领军人

人物名片

他没有帅气的外貌，没有特殊的家庭背景，有的只是这一小片从皮沙发到蓝绿色墙壁间的金黄色地板，那就是阿尔发唱片公司的录音室。然而就是这样一个人却打破了华语乐坛长年停滞不前的局面，成就在当今亚洲流行音乐界一时无二的局面；他做音乐的态度让人们感动；他是个奇迹，他于歌坛的作用无异于一次换血；他是当今乐坛创作型音乐人第一人；开创了现代流行音乐“中国风”的先河，对中国风兴起和在世界范围的传播做出了杰出的贡献，影响了当今乃至今后整个华语乐坛的流行唱法格局。

第一节 走近人物

周杰伦，华语杰出音乐人、流行歌手、词曲创作家、制作人、MV电影导演、编剧，祖籍福建泉州，1979年1月18日出生于台湾省台北县，1995年就读于淡江中学音乐科，主修钢琴，副修大提琴。

2000年后亚洲流行乐坛最具革命性创作歌手，唱片亚洲总销量超过3100万张，有“亚洲流行天王”之称，其音乐打破了亚洲原有单一的音乐主题形式，开创了多元化音乐创作和现代流行乐“中国风”的先河，为亚洲流行乐坛翻开了新的一页。2005年以《头文字D》涉足电影，2007年成立JVR有限公司，自编自导自演电影《不能说的秘密》，2009年自导自演电视剧《熊猫人》，2010年主持电视节目《Mr.J频道》，2011年以《青蜂侠》进军好莱坞。

1997年台湾TVBS-G超级新人王节目年度亚军。

2001年台湾音乐人交流协会年度十大单曲，十大人气歌手奖，新加坡金曲奖最佳新人奖；

2002年获最有前途新人奖(男歌手)，金奖优秀国语歌曲奖，金奖(星晴)十大优秀流行歌手大奖，亚洲最杰出艺人特别奖。

2008年，歌曲《青花瓷》歌词被山东、江苏两地高考试卷引用，之前他的歌词《蜗牛》《上海1943》《听妈妈的话》已被写进中小学教科书中，《发如雪》歌词被写进日本《通过唱歌记住中国话》书本中，大量歌词出现在中小学语文、历史考题中。

不少教育人士感叹，迄今为止没有哪个流行歌手能与教育有如此“密切接触”。

第二节 无名小卒的天王之路

从小就有音乐天赋

周杰伦是在台北市一个单亲家庭长大的。他母亲是中学老师，父亲在他年幼的时候就和母亲离了婚。正因为如此，母亲把所有的希望都寄托在了他的身上。

年轻时的周杰伦，说来有点自闭，看上去笨笨的。高中英文老师以为周杰伦有学习障碍："他脸上表情很木讷，我以为他笨笨的。"这小子无法专心上数学、科学课，就连英文作业也荒废。周杰伦3岁的时候，周妈妈叶惠美却注意到这个安静又害羞的小孩，从小就对西洋流行乐或古典音乐特别敏感，就毫不犹豫地取出家里所有的积蓄，给他买了一架钢琴。

于是，童年的周杰伦被剥夺了玩的权利，所有的日子都是在钢琴旁边度过的。可每次练琴的时候，一听到窗外同伴的嬉闹声，他就总是弹得心不在焉。于是，他母亲就拿着一根棍子，站在他后面，一直盯着他练完琴。母亲的"棍棒教育"使周杰伦弹得一手好琴，但也使得他从小就不爱讲话，性格孤僻，学习成绩也一直不好。

周妈妈在他四岁的时候，就送他进钢琴班学琴，而且他弹得不错，像个钢琴狂。高中钢琴老师说，周杰伦十几岁时，就可以即兴表演。出了琴房，周杰伦是个再普通不过的青少年，当其他同学都在附近打篮球时，他却一再重复地看功夫电影和打游戏。其他人都忙着准备大学联考，他却是逃课、加倍练琴，人生漫无目标。

周杰伦考上台北淡水高中后，由于会弹琴，他一下子成了学校里的"知名人物"。

周杰伦画作

2011年发行首款版画作品《幻想Fantasy》系列，共3幅，由MOMOARTSHOP与秋风文化共同发行。其作品内容大胆前卫，3幅作品不同之处仅在于背景颜色，分别为天蓝、朱红、浅紫灰。此系列版画是周杰伦为了纪念经典专辑《范特西》发行10周年而作。

可当他的同学正紧张地准备考大学的时候，他却仍然沉溺在音乐之中。在一般人眼中，他的前途一片渺茫。因为在那时，一个普通家庭出身的孩子，他最好的选择是学习数学、自然科学或计算机，以便日后找份好工作谋生，而音乐则是有钱人的奢侈品。显然，他们认为周杰伦奢侈不起。

喜忧参半的打工生活

1996年6月，高中毕业后的周杰伦一时找不到工作，便只好应聘到一家餐馆当一名服务生。他每天的工作就是把厨师做好的菜送到餐厅，再由服务员传到客人面前。这份工作看似简单，可真正做起来却并不容易。因为客人多了，就容易把菜传错。而一旦出了错，服务生不仅要受顾客的气，而且老板还要扣发薪水。

尽管工作上的烦心事不少，但周杰伦对音乐的爱好却有增无减。每次发了工资，他就往音乐超市里跑，几乎把所有的钱都花在买磁带上。平时他喜欢把单放机带在身边，没事就听音乐。有一次，心情不错的周杰伦双手托着一盘菜，边走边听歌，不想，他一不小心竟与一位女服务员撞了个满怀，一盘热菜全部撒在了那位女服务员的身上。那位女服务员的手被烫出了水泡，痛得大哭起来，餐厅经理听到哭声，立即赶了过来，他狠狠地批评了周杰伦一通，并毫不客气地罚了他2000元台币。

> **周杰伦星**
>
> 2010年12月，国际小行星命名中心批准，正式将编号为257248的小行星命名为周杰伦星。这颗小行星是由两岸天文爱好者于2009年合作发现的。周杰伦创作了以这颗星为题材的歌曲《爱的飞行日记》。

不善言谈的周杰伦一句话也没说，泪水直往肚子里咽。要知道，他那时的月薪才4000元台币呀！而现在，一下子就被经理扣掉了一半，他哪还有钱买磁带啊！这事过后不久，餐厅的老板为提高餐厅的品位，在餐厅里配备了一架钢琴，想趁客人吃饭的时候奏乐助兴。可请来的好几位钢琴师都不合老板口味。

一天下班后，手痒的周杰伦趁老板不在，用那架崭新的钢琴演奏了一

首他自己刚刚创作的歌曲，让员工们大吃一惊——这个从来不爱讲话的大男孩竟然还会弹钢琴！很快，这事就传到了老板的耳朵里。老板当即叫来周杰伦，让他担任琴师在大厅里弹奏自己创作的乐曲。几天后，他又通知当地的电视台，说他那里的服务员不仅会弹钢琴，而且还能写歌曲。这样一来，老板借电视台炒作，一箭双雕，不仅提高了餐厅的知名度，而且还节省了一大笔请琴师的开销。

从此，周杰伦再也不用当服务员了，而是每天坐在钢琴前弹奏。刚开始，他还能弹奏自己创作的曲子，可时间长了，有些客人就要求点歌。这样，他就不得不顺着客人的情绪弹奏乐曲了。有一次，餐厅里有位客人过生日，希望周杰伦弹奏一曲轻快的音乐。可偏偏这时，另一位喝多了酒的老板却甩出一大沓钞票，说要听点刺激的。见此场面，过生日的客人也不示弱，从提包里掏出一大沓钞票，“啪”地一声摔在周杰伦的面前说：“谁怕谁呀，我要听《月光下的夜晚》！”双方争执不下，谁也不肯让步，差点大打出手。周杰伦灵机一动，说：“你们都是这里的客人，这些钱

> **R&B的定义**
>
> R&B的全名是Rhythm&Blues，一般译作“节奏怨曲”。广义上，R&B可视为黑人的流行音乐，它源于黑人的Blues音乐，是现今西方流行乐和摇滚乐的基础，Billboard杂志曾界定R&B为所有黑人音乐——除了Jazz和Blues之外，都可列作R&B——可见R&B的范围是多么的广泛。近年黑人音乐圈大为盛行的Hip-Hop和RAP都源于R&B，并且同时保存着不少R&B成分。

我不能要。现在，我来演奏一首乐曲，你们猜，谁猜对了，谁就跟着我的伴奏唱。”两位见这是一个不错的主意，便欣然同意了。

就这样，聪明的周杰伦先是弹了一首轻音乐，让过生日的客人猜中，之后又弹了一首怪异的交响乐，让喝醉酒的客人猜中。几曲下来后，双方都十分满意，不但没有打架，反而还相互对唱起来。这样，餐厅的气氛一下子就缓和了下来。老板十分高兴，当即给周杰伦涨了工资，月薪7000元台币。

音乐给他带来幸运

1997年9月，周杰伦的表妹替他在当地一家电视台的一个娱乐节目——《超猛新人王》报了名。当时，该节目主持人吴宗宪也是阿尔发音乐公司的老板，他安排周杰伦表演钢琴伴奏，但周杰伦不敢独唱，所以允许他带一位歌手演唱。参加表演那天，周杰伦穿着一身休闲装，戴着一顶鸭舌帽，帽檐压得低低的。他帮一位想当歌手的朋友钢琴伴奏，不想，演出一开始，他伴奏的音乐让和他配对的歌手唱起来非常难听。顿时，场下嘘声四起……表演得很差。

当时节目主持人吴宗宪一直都在寻找新人。他看了一眼那个紧张的钢琴伴奏小子和歌声像乌鸦叫的歌手，心想，算了吧。吴宗宪说：“我一点都不觉得好听，那个歌手唱得真烂。”不过，吴宗宪从裁判的肩膀后头，看了一眼乐谱，不禁大吃一惊——这个看似漫不经心，甚至有点放荡不羁的年轻人写起歌来，不仅歌谱得十分复杂，还抄写得工工整整。出于好奇，节目做完后，吴宗宪走到后台找周杰伦。吴宗宪回想：“我对他的第一印象，就是他很安静、很害羞。我以为他自闭。”他便邀请周杰伦辞职后到他的音

乐公司写歌。

虽然周杰伦当时并不明白为什么自己演砸了还受到主持人的青睐，但一听说可以专职写歌，便欣然同意了。刚进音乐公司时，周杰伦的职务是音乐制作助理。这个工作可以说是什么杂事都得做，其中，帮同事买盒饭就是他每天的“保留节目”。他知道自己是新来的，要想在音乐公司混口饭吃，就要帮同事多跑腿，所以他总是很勤快。

中国风

是三古三新（古辞赋、古文化、古旋律、新唱法、新编曲、新概念）结合的中国独特乐种。歌词具有中国文化内涵，用新派唱法和编曲技巧烘托歌曲氛围，歌曲以怀旧的中国背景与现在节奏的结合，产生含蓄、忧愁、幽雅、轻快等歌曲风格。分为纯粹中国风和近中国风两种，纯粹中国风是满足以上六大条件的歌曲；近中国风是某些条件不能满足而又很接近于纯粹中国风的歌曲。

有一次，公司为一位香港大牌歌星制作唱片。由于录音棚的人多，又比较分散，周杰伦一时没办法数清楚一共有多少人要吃盒饭。为了不落下一个人，那天他从中午12点钟一直买到下午3点钟，来来回回跑了四五趟。最后，他自己竟连口水都喝不上，而录音棚里居然没有一个人帮他。

吴宗宪把这些看在了眼里，心想：这个年轻人做事踏实，不怕吃苦，但

他老是这样忙，哪有时间写歌呢……于是，他给周杰伦配备了一间办公室,并起名为阿尔发音乐工作室,让他专心创作歌曲。

卖歌求生,明星拒唱

从此,这个狭小的地方成了周杰伦放飞梦想的平台。尽管他的薪水只有5000元台币,但他对音乐充满了前所未有的兴趣。哪怕是在录音棚外,他也能感受到音乐的快乐。因而,他工作起来如鱼得水。由于周杰伦从小就打下了扎实的音乐根底,他很快就创作出大量的歌曲。但让吴宗宪感到不可理解的是,他创作的歌词总是怪怪的,音乐圈内几乎没有人喜欢,所以呢,他总是失望地将周杰伦的手稿放到一边。

一次,周杰伦又拿着自己的得意之作送给吴宗宪审读。这次,吴宗宪见他得意的样子,便想激他一下。拿到手稿后,他连看都不看,便将那首歌曲揉成一团,随手丢进身边的垃圾桶里去了。看到这种情景,周杰伦什么话也没有说,转身离开了老板的办公室。他的眼泪禁不住流了下来……但这位不服输的年轻人知道，放弃就意味着自己炒了自己的鱿鱼。于是,他继续创作,第二天,第三天……他以每天一首歌的速度进行创作。一连七天,吴宗宪每天早上八点钟上班时,总能准时见到周杰伦的作品。终于,他被这位小伙子的天赋和勤奋深深地感动了,答应找歌手演唱他创作的歌曲。

1998年2月，周杰伦又创作了一首名为《眼泪知道》的歌曲。这次,吴宗宪决定将这首歌推荐给当时的天王级歌星刘德华演唱。不想,歌词转到了刘德华的手上时，他只轻轻瞟了一眼，便连连摇头说："眼泪怎么会知道,眼泪要知道什么呢？"就这样,不欣赏这些歌词的刘德华当即拒绝了演唱这首歌曲。

《东风破》

它是中国风歌曲类最具里程碑意义的一首标准的中国小调歌曲，是最标准最完整的中国风歌曲代表作,浑然天成的旋律,令人发思古之幽情的词风,仿佛真有首宋朝传世的词牌叫《东风破》！中国风在周杰伦诠释下已独具特色！仿古小调曲风,辅以二胡与琵琶,复古的曲风,听来让人容易进入唐诗宋词的世界与遐想。

之后，周杰伦又为当时火爆华语歌坛的张惠妹写了一首歌——《双截棍》。他想，张惠妹比较前卫，应该比较容易接受他创作的歌曲。然而，没料想，他精心创作的《双截棍》竟被张惠妹毫不犹豫地拒绝了。一次次失败后，一直渴望在歌曲创作方面有所成就的周杰伦迷茫了,他甚至怀疑自己的音乐之路到底还能走多远。

不放弃不服输终于成功

就在周杰伦的创作热情受到沉重打击的时候，他的老板吴宗宪给了他极大的鼓励。

长期从事音乐制作的吴宗宪看到了周杰伦对音乐独特的理解力。于是,他决定给这个才华横溢的小伙子另一次机会——让他自己走上舞台，演唱自己创作的歌曲。

1999年12月的一天，吴宗宪将周杰伦叫到办公室，十分郑重地说："阿伦，给你10天的时间，如果你能写出50首歌，而我可以从中挑出10首,那么我就帮你出唱片。"

周杰伦一听老板要帮自己出唱片,激动得说不出话来,只是"嗯"了一声,便低着头走了出去。

回到阿尔发音乐室，周杰伦兴奋不已，但他并没有急于动手写歌,而是跑到大街上买回一大箱方便面。他想,就是拼了命,也要做最后的挣扎。因为他知道,老板给他的机

周杰伦语录

"偶像要长得比较好看。但是我并不英俊，所以我也不指望别人因为相貌而注意到我。到最后人家会注意到你音乐的本质。如果从音乐的本质出发，那就不可以被称为'偶像',不太会吸引到人。当初是这样想过的,所以才这样去走。我不是傀儡,不会唱片公司说什么就去做什么。"

会也许就这一次了。

接下来，周杰伦就待在音乐室里开始创作。那段时间，他几乎是一首接一首地创作，每写完一首，就像生下一个孩子一样，高兴得不得了。而每当他疲惫的时候，就在房间的某个角落里打个盹儿，醒来之后继续下一首歌曲的创作。

周杰伦的母亲见儿子几天不回家，特意赶到公司来看望他。她见儿子通宵达旦地工作，每天就吃点方便面，心疼不已。于是，她拉着儿子到公司附近的一家餐馆，点了满满一桌菜，直到看着儿子吃光后，才放心地离开。之后，周杰伦又一头钻进了阿尔发音乐室。

就这样，仅仅10天时间，周杰伦真的拿出了50首歌曲，而且每一首都写得漂漂亮亮，谱得工工整整。面对这种惊人的创作速度，吴宗宪无话可说了。

接着，他从周杰伦创作的歌曲中挑选出了10首，准备制成唱片发行。吴宗宪决定把阿尔发唱片的经营权交到他的朋友、同时也是歌手的杨峻荣手上。从此，周杰伦才从幕后走向幕前，成为偶像歌手。

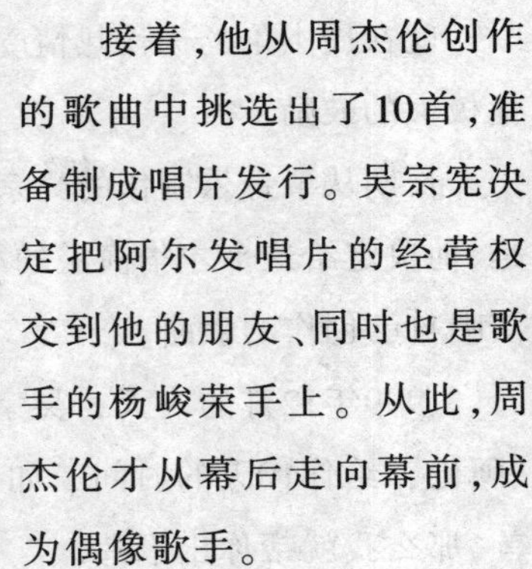

经过大半年的精心制作，周杰伦的第一张专辑——《JAY》制作出来了。直到那时，他才真正地松了一口气。因为他追求了近20年的音乐终于有了眉目，而且还是由自己亲自演绎的，这

实在是出乎他意料的事。尽管他还不知道他的唱片在市场上是否卖得动，但他还是为之兴奋不已，因为这毕竟是他的第一张专辑。

2001年初，令人意想不到的是，这个一天说不上两句话的小伙子居然一鸣惊人。

他的第一张专辑刚一上市，就被歌迷抢购一空。在当年的华语流行音乐大评选中，《JAY》一举夺得华语流行音乐金曲奖的最佳流行音乐演唱专辑、最佳制作人和最佳作曲人三项大奖。

经典歌词

我知道你我都没有错，只是忘了怎么退后，信誓旦旦给的承诺，全被时间扑了空，我知道我们都没有错，只是放手会比较好过，最美的爱情回忆里待续。

——《退后》

我送你离开千里之外你无声黑白，沉默年代或许不该太遥远的相爱；我送你离开天涯之外你是否还在，琴声何来生死难猜用一生去等待。

——《千里之外》

2001年12月，周杰伦第二张专辑《范特西》横空出世，并再次风靡了整个华语歌坛。

2002年初，在第八届全球华语音乐榜中榜评选中，周杰伦又一举获得2001年度“最受欢迎男歌手”奖。

仿佛一夜之间，华语流行歌坛几乎被周杰伦一个人的声音统治了。

他纯正的音乐曲风，桀骜不驯的外表和他“莫须有”的绯闻都成为年轻一代歌迷热烈追捧的焦点。在他的每次演唱会结束后，就连十几岁的小女孩都会怀着朝圣一般的心情，触摸他刚刚坐过的钢琴椅……这位出道不到一年的年轻人俨然成了整个华语歌坛超重量级的小天王。

从一名餐厅服务员成长为家喻户晓的当红小天王，周杰伦在接受美国《时代》杂志专访时说：“明星梦并不是遥不可及的，其实，任何人都可以做，只要你肯努力。我之所以能有今天，就是我不服输的结果。”

第三节　音乐电影共同发展

周杰伦与音乐

周杰伦是2000年后亚洲流行乐坛最具革命性的创作歌手，其才华不仅体现在超强的现场即兴创作能力和对乐理、各种乐器的精通，还体现在不落俗套的创作思路。周杰伦在乐曲中融入了各式东西方古典音乐，从融入最古老的中国风到欧洲中世纪巴洛克风格音乐、格里高利圣咏音乐、古典奏鸣曲、交响曲，跨界各类现代流行音乐，各种Jazz、蓝调、摇滚、那卡西、民谣、DJ搓盘、嘻哈、福音音乐、美国乡村音乐、电子音乐等等，进行复杂而微妙的相互融合。周杰伦还大胆尝试各类乐器的运用与搭配，创造出其不意的效果，甚至将超高难度西班牙风格的弦乐演奏，表现在专辑歌曲中，每一次的尝试都是华语流行乐坛史无前例的开拓。天马行空的创作思路使周杰伦的歌曲与任何一种音乐形式都不完全相同，从而形成极强的个人风格。

> **RAP(说唱乐)简介**
>
> 它的起源可以追溯到黑人音乐根源中吟咏的段落中，到20世纪70年代正式确立了自己的风格，当时流行的迪斯科舞厅中的DJ们，将正在风行的FUNK节奏混入流行的迪斯科节奏中，并且在唱片机上反复重复同一张唱片的内容，做自己的LOOPS，随着那些现在广为人知和DJ们普遍应用的“打碟”法出现，说唱开始被街头黑人文化所流传。

对中国流行音乐贡献方面，周杰伦是真正意义上将R&B提升到中国流行乐主流高度的人。早在20世纪90年代末，就有许多歌手尝试将R&B、饶舌等西方流行音乐元素引入中国，最出名的要属李玟、庾澄庆、陶喆等歌手，但却没有从实质上改变中国流行音乐还是以80年代老式POP和民歌为主流的时代。周杰伦的出现打破了中国流行乐坛长期停滞不前的局面，他突破原有亚洲音乐的主题、形式，融合多元的音

乐素材，创造出多变的歌曲风格，尤以融合中西式曲风的嘻哈、节奏蓝调最为著名。

周杰伦的成功为其他中国R&B歌手开辟了道路，用张学友的话说，现在的歌手10个有8个都在R&B，只有2个是唱以前Pop的东西，现在的慢歌都多少有点类似R&B的旋律。

同时周杰伦也为饶舌（RAP）这种音乐形式在中国的传播做出了巨大贡献，如《龙拳》《双节棍》《忍者》等歌曲，第一次被中国年轻人广泛接受，也使很多人第一次认识到这种音乐形式，在中国流行音乐发展史上留下不可磨灭的印记，其创作思路对中国流行音乐的影响深远，很大程度上提升了词曲原创人在华人音乐界的地位。

在中国风音乐方面，周杰伦开创了现代流行音乐中国风的先河，对中国风兴起和在世界范围的传播做出了杰出的贡献，（如《发如雪》等歌曲曾被各国歌手翻唱；外国驻华领事馆官员曾经献唱《东风破》来表达对中国的友好）。

周杰伦的中国风融入戏曲和民族等元素，加上娴熟运用各种乐器加以配合，也造就了他多样的音乐曲风。

传统的中国风带出了古色古香的中国味道，产生含蓄、优雅、轻快、忧愁等歌曲风格，如《菊花台》《青花瓷》等。

歌词内容上，主要以弘扬中国文化为主，有中国武术文化、中医药文化、中国瓷文化等，正如周杰伦在访谈中一直强调的，“我们不要崇洋媚外，我们老祖先的辛苦不能白费，我们要因为我们是中国人而感到

骄傲……”

周杰伦希望通过音乐传播中华文化，其中弘扬中华瓷文化的《青花瓷》最富有韵味。

周杰伦与电影

在电影方面，周杰伦是在2005年以《头文字D》正式进入电影界的，一开始就表现出了强大的票房号召力，短短4天，创下了3500万元的惊人票房，并打破了国内几项票房纪录。

这部电影同期也在日本等亚洲地区上映，其真正目的是为周杰伦更好地进军和拓宽海外市场。

周杰伦在《头文字D》中的表现得到了导演的肯定，赢得了香港电影金像奖和金马奖的最佳新演员奖。

之后，周杰伦自导自演的处女座《不能说的秘密》在韩国创下了佳绩，在开设放映银屏有限的条件下，仍能不输给韩国本土同期发行的电影，同

时在当年中秋节，韩国KBS1TV电视台在14日全国播出周杰伦影片《不能说的秘密》，两度在韩国掀起狂潮，胜似当年韩剧《我的野蛮女友》在中国的影响力，周杰伦的专辑在韩国销量也明显提高，随后的电影《大灌篮》的破亿票房和首部进军好莱坞的电影《青蜂侠》在欧美的上映，都为周杰伦的国际化影响力的扩大开拓道路。被美国知名电影网站评选为十大最值得期待的新秀演员之一。

第九章　功夫巨星的传奇人生

人物名片

20世纪70年代，李小龙那敏捷的身手，把带有东方传统哲学韵味的功夫推广到了海外。而从80年代至今，成龙则把传统意义上的中国功夫以一种崭新的面貌传向五湖四海。这个身材相貌并不出众的奇男子，现如今已是红透天下的大明星。从影三十年来一路摸爬滚打，用汗水和付出，书写着自己的人生传奇。人们眼中的他，一贯是健康、快乐、成熟、坚毅的阳光形象，他所承载的不仅仅只是一个单纯的银幕英雄，更承载着一个中国人面向世界舞台的责任态度。

第一节　走近人物

成龙，大中华区影坛巨星和国际功夫电影巨星。祖籍安徽芜湖，1954年生于香港太平山，六岁时进入中国戏剧学校学习戏曲，以武师身份进身电影圈，逐渐发展至演员、导演以至监制。他与周星驰、周润发并称“双周一成”，为香港电影的票房保证。

成龙以功夫片著称，曾多次打破香港电影票房纪录，其主演的电影全球总票房已经超过200亿元，为华人演员之首。其成名作是《醉拳》；1994年《红番区》在美国公映后反响强烈，使其成功打入好莱坞；《尖峰时刻》系列电影亦获得极高的票房，并奠定其国际电影巨星的地位。成龙在华人世界享有极高的声望。

《笑拳怪招》、《醉拳》系列、《警察故事》系列、《少林木人巷》、《红番区》、《我是谁》、《A计划》系列、《双龙会》、《尖峰时刻》系列、《宝贝计划》、《大兵小将》、《神话》、《功夫梦》、《邻家特工》、《功夫之王》、《快餐车》等等。

第二节　从跑龙套到影坛巨星

对武侠痴迷的孩童时期

成龙的父母亲最初在法国领事馆工作，父亲是厨师，也是京剧票友。成龙小时候很喜欢打架，常跟外国小孩子打，因为他住在山顶领事馆区，周围尽是法国人和美国人。这种情况一直到他小学一年级，由于常打架闹事，所以无法升级。

成龙除了喜欢打架，还喜欢看武侠片。那时候，武侠片大行其道，曹达华、于素秋是当时最红的明星，成龙崇拜他们，一心想上山学艺。

一天，他的父亲带着成龙来到尖沙咀的美丽都大厦，拜访京剧武生于占元师父，他正是成龙崇拜的武侠女星于素秋的父亲。成龙看到这边的学生在旁勤奋地练功，觉得非常羡慕，便要求父亲让他在这练武。

于是，成龙便成为这儿的一员，与洪金宝(元龙)、元奎、元华、元彬、元德、元彪成为七小福。

于占元师父的教育方式基本上是老戏行规矩的严厉与苦练，管束孩子做事、练功的方式就是打罚。不到四天，成龙就后悔了，最初的那段日子，成龙常常在晚上暗自哭泣。

中国禁毒宣传形象大使

成龙本身也吸烟，接到禁毒宣传形象大使的通知后，为了大家义无反顾的把吸烟完全戒掉，最后中国禁毒宣传形象大使仪式为进一步调动人民群众参与禁毒人民战争的积极性，充分利用社会名人的影响力开展禁毒宣传，2009年6月26日，国家禁毒委员会办公室聘请成龙为中国禁毒宣传形象大使。

父亲在把他送进学院之后，就飞去澳洲美大使馆了。

后来的十一年漫长生涯，他心里打颤。

在这十年间，父亲曾回港探望过成龙好几次，为了于师父能更加照顾好孩子，父亲要成龙拜于占元师父为干爹，但这却没讨到便宜，反而管束得比别人更严厉，因为少年时的成龙，绝对是众多师兄弟里最不让人省心的一个，他和所有混在街边的孩子一样，他会去偷偷刮人家的私家车，偷偷撬走人家车前的金属徽章，和一群坏孩子们打架，把脏水装在塑料袋里丢到人家头上……

小时练武做基础

在戏曲班里，成龙每天清早五时起床练功，到晚上十二点止。早上练各种功，练压腿的时候倒可以睡点觉，几乎所有人都是架着腿睡觉的。吃过饭，就练声吊嗓或读书，读书时间，就是打盹时间。每天这样过着有规律的生活，每月等派救济品时，便是他们最兴奋的时候了。

几十个孩子聚在一起，等红十字会的人来送救济品，当中有白米、奶粉等，孩子们排半天队等待分配给自己的食物。平常他们吃的是大锅饭，烧饭就由女孩子轮流负责，饭够吃，至于配菜，就得靠抢。

成龙在七小福时期的艺名是元楼。凭着一副身手，他们住在荔园游乐场，长期表演京剧，他们几个人，一出戏里什么都做。像孙悟空大闹盘丝洞，他们一会儿是妖女蜘蛛精，一会儿是孙悟空用毫毛变的小猴儿，一会儿又是天兵天将，总之，幕后换装穿衣忙，幕前武打表演忙。此外，片场是他们经常出入的地方，小时候常演些童角之类，所以成龙很早就出道，成了真正的功夫良才。

从跑龙套做起

香港戏曲行业的没落，迫使戏曲学校最终关停，成龙和一干师兄弟们当时面临的只有两条路，要么进入黑社会做打手，要么走进片场做武行，也就是功夫片里的替身与龙套。最终，成龙没有违背自己对父亲以及对师父的承诺，没有进黑社会，而是走进了邵氏电影大片场，做了一个“臭武行”。

成龙的电影之路，是从一个“死跑龙套的”开始的，刚走进片场，导演二话不问就把他推倒在地上，一边叫人朝他脸上抹了一把泥水，然后再塞一袋子血浆在他嘴里，这时候成龙唯一要做的就是不要喘气，脸上抹泥洒血浆装死尸。

成龙白天当武师，晚上回师父家睡觉。

辗转就是17岁了，成龙满师的日子也快到了，结业那天，依照老例，徒弟满师需向师父下跪叩头，以谢师父提携之恩。师父会向徒弟施十下庭杖，作为最后提点。成龙庄而重之，给于占元师父下跪，垂头静气，等候师父的庭杖。

后来师父唤他：“起来！不用跪了。时代毕竟变了，不用这套了。”成龙这才松了一口气。

成龙结业后便做武师的工作，主要在邵氏担任跑龙套的角色。在当武师时期，他

> **影视剧中的武行**
>
> 电影或电视剧的拍摄中，需要打斗、吊钢丝、爆炸、骑术或一些高难度动作的完成时，考虑到拍摄出来的效果或演员安全，会有专门的人员去完成这些工作，做这些工作的人被称为武行，他们通常是演员的替身，也可能直接上镜出演某个角色。洪金宝及成龙、元彪当年就从事过武行工作。

的名字是陈元龙，他专门做名演员的替身。像岳华、罗烈、田峰、谷峰、刘丹等，都是做些危险的武打动作。

这段时期可说是过着风花雪月的日子，或许是禁制太久了，工作之余，成龙便尽情玩乐，跳舞，喝酒，上夜总会等，像其他武师一样过着放任的生活。

当武师，出卖的是劳力，出生入死，可惜地位卑微。每天等候导演来挑人，为了在众多人前被挑中，成龙常卖力演出，因而常被导演选上。在《精武门》中，成龙、元彪扮演的都是被李小龙暴揍的日本浪人，成龙还做了片末被陈真一脚踢飞撞在墙上的铃木先生的替身。因为他年轻，身手灵活，且勇于尝试，导演都乐意用他，有什么高难度动作，就会想起陈元龙。

少年险入黑社会

回首当年,成龙自言不敢相信自己的这一路风雨,或许是自己命好有上天青睐,也或许是自己拼命的精神以及对事业的责任心,成就了自己现在所拥有的一切。总之,这一切都似乎是一个无法用语言来描述的传奇。

成龙17岁那年,父亲为了生计出国去赚钱,在机场临走的时候,硬是抓住成龙嘱咐了他三件事,他说第一不能吸毒贩毒,第二不能加入黑社会,第三不能去跟人家赌牌九。这是从小到大父亲留给成龙最为沉重的一份嘱托,它让年少的成龙早早体会到了责任带给自己的压力,同时也让生性不羁的成龙,早早树立了自己的做人准则与人生观。

17岁的成龙,没有父母在身边管教,生活在一个鱼龙混杂的底层社会圈子里。从早到晚跟一些黑社会分子打交道,就连他们杀人放火的家伙都摆在他的衣柜里。

身边的好朋友往往也都是道上的混混,经常诱惑他一同去砍人、抢劫、跟人家卖白粉,一次有三千块钱的酬劳,一个礼拜就可以赚九千,那对于当时一贫如洗的成龙来说,是多么惊人的数目。

但是一份责任让他止步,答应了爸爸的承诺就一定要履行,不能因为那小小的恩惠而把自己做人的责任一股脑丢到脑后,也不能因一时的困境而轻易使自己堕落掉。

结果,曾诱惑他加入黑社会的那些人后来不是手被砍断了、就是腿瘸掉了,先后都遭遇了不幸,侥幸没有受到牵连的成龙想到了爸爸的话,觉得这些承诺真的是父亲留给自己最为宝贵的一份精神财富。

好莱坞历史

1853年,好莱坞只有一栋房子。到1870年,成为一片兴旺的农田。1886年,房地产商哈维·威尔考克斯在洛杉矶郊区买下了一块0.6平方公里的地。他的夫人一次旅行时听到她旁边的一个人说她来自俄亥俄州的一个叫做好莱坞的地方,她很喜欢这个名字,回到加州后,她将苏格兰运来的大批冬青树栽在这里,将她丈夫的农庄改称为“好莱坞”(Hollywood),于是有了好莱坞这个名字。

老老实实做自己

后来到邵氏片场混工，很快做到了演员、武术指导，一个月的酬劳已经能拿到三千块钱。这时候突然有人请他吃饭，谈到了跳槽的问题，说成龙如果和这边毁约的话，他们可以替成龙付这十万元的违约金，而且还另外塞给他一包钱。

成龙只顾着吃饭，没有仔细看那包里的钱，只看到了一个明晃晃的"1"，后面是很多的"0"，心想大概也就是十万吧，回头就说跟人家还有合同，不想这么草率做决定。

回到公司，看到陈志强，把钱拿给了他看，结果陈志强就瞪着眼睛跟他讲："那不是十万，是一百万现金！"一听到这里，成龙整个人都跳起来，一百万现金啊，这可怎么办？虽然是个难以启齿的事，他还是打算跟罗维导演商量一下，那时候他叫罗维干爸爸，说："刚刚我见到何先生，他给我一百万现金，我想跟他拍了这部电影再跟你拍电影行不行？"结果罗维火了，劈头盖脸地说："有什么了不起，拿人家钱干什么，还给他。我说还给他，你还给他……"

结果，老实过头的成龙果真把钱还给了那个送钱的人，那人就是后来成龙事业的伙伴何冠昌。

老实人有厚报，也可能是成龙退还这一百万现金的行为感动了公司上下，公司以一种奖励的形式让他完成了自己的心愿，让他导演了自己的第一部电影《笑拳怪招》，结果这一部电影问世以后，立刻点燃了香港影市的火爆，创造了当时的票房奇迹。而成龙，也藉此成了香港有史以来最年轻的卖座片导演。那一年，他才二十二岁。

成龙名言

做人没有目标的话，你永远不会成功！把握你自己的目标，把你所学的东西学好，抓住就去做，今天不成功就看明天，明天不成功就看后天，后天不成功，总有一天你会成为专家。千万不要学人家，不要认为你跟这个世界一样，这个世界会接受你，而是你跟这个世界不一样，世界才会接受你！不一定非要有过人之处，但一定要有特点！

话说从头，这只是说明一个人的责任心

的轻重，无关于生前身后，虽说最终还是在何冠昌的策动之下，以四百万的身价转投了门庭，但是我们已经知道，这时候的成龙已经开始需要自主的创作，而不是自主的钞票。

屈辱的眼泪

成龙的好人缘与努力，是他事业获得成功的最大砝码，但在当年默默无闻的时候，他却不得不低声下气地去为自己争取更好的机会，甚至还要忍气吞声，被人奚落到流眼泪。

那时候在大片场做一个龙套，几乎是没有权利讲话的，导演叫你做什么，你就一定要做什么。

在他拍摄一部古装武侠戏的时候，戏里边剧情要求有三个女人都喜欢他，但是当时担任主角的一位著名女演员，坐在一边跟导演讲风凉话，说："我怎么会喜欢他？大鼻子、小眼睛，多让人讨厌啊……"一听到这话，成龙的眼泪就流下来了，但是背后里哭鼻子，面对她时还要对着她鞠躬，等着她站起来先走，自己退后让路，一副委屈的样子。

古龙生前是邵氏片场里的常客，那时候成龙每天都要陪他喝酒，原因很简单，只为了让他写一个剧本给自己。所以就坐在那边敬古大侠左一大杯，右一大杯，不管三七二十一就往下喝，喝完以后，古龙说："我怎么会给他写这个剧本，我要写，也得找个好看点的啊！"罗导演说，这剧本应该写给岳华，一听到这

成龙名言

做人没有目标的话，你永远不会成功！把握你自己的目标，把你所学的东西学好，抓住就去做，今天不成功就看明天，明天不成功就看后天，后天不成功，总有一天你会成为专家，千万不要学人家，不要认为你跟这个世界一样，这个世界就会接受你，而是你跟这个世界不一样，世界才会接受你！不一定非要有过人之处，但一定要有自己的特点。

里，原本就不是滋味的成龙躲进了洗手间，一把抱住姜大卫哭成了泪人，这件事让他耿耿于怀很多年。

无名小将担主角

1975年，新天地公司成立，签了成龙，安排他拍一两部片，分别为《广东小老虎》以及《北派功夫》，但票房惨淡。

后来陈自强投入罗维在香港的电影公司工作。推荐成龙给罗维，成龙替罗维拍摄的是大制作的古龙作品，少林系列(《少林木人巷》)，但都不得志。

差不多一年后，吴思远计划拍《蛇形刁手》，便向罗维借人(成龙)来拍，接着《醉拳》二部谐趣功夫喜剧，把成龙活泼精灵的动态表露无遗。

《醉拳》走红后，罗维放手让成龙自编自导自演了《笑拳怪招》，取得不错的成绩。这时多家影业公司向成龙发出加盟邀请，最终嘉禾公司胜出。成龙在嘉禾的第一部作品《师弟出马》，马到成功，接着嘉禾便筹划安排他到美国好莱坞拍《杀手壕》《炮弹飞车》《威龙猛探》。但在外国拍

成龙名言

我觉得现在的新晋演员往往只是靠外貌。有许多例子都说明,要是你没有特别的专长,在这个圈子内你很快便会被淘汰,所以我很希望开办一间学校,培育有潜质的新人,让他们有机会一展所长。

戏,受洋人导演指挥,使他不得发挥,因此这几部片在当时表现一般。

1983年他执导《龙少爷》,再度掀起热潮,其后,他与洪金宝、元彪拍《奇谋妙计五福星》《快餐车》《福星高照》《夏日福星》《龙的心》。这个时期,成龙一方面帮助洪金宝,而洪金宝也在某种程度上影响成龙,所以作品都是洪家班的风格,直到《警察故事》才自然流露出成龙自己的风格。这部片除了在香港卖座,在日本也大受欢迎,并替成龙争取到最佳导演、最佳影片、最受欢迎演员等奖项。

之后,成龙推出的作品,像1987年《龙兄虎弟》《A计划续集》,1988年《飞龙猛将》《警察故事续集》,1989年《奇迹》,1990年《飞鹰计划》,全都是三千多万以上的票房,当然在日本的票房就更不用说。

用生命演绎事业

成龙在拍摄动作喜剧片《宝贝计划》时,被一名穿错鞋的特技演员踢中,胸部受伤。

成龙在其个人网站上说,这一次,他被一个铁皮木桌子碰到,起初并没当回事儿,在上身缠了护带,只吃了点止痛药就继续拍片,最后《尖峰时刻Ⅲ》制片人实在看不下去,逼迫他去看医生。在照过X光片之后,确定成龙没有骨折或受内伤。

成龙说:“由于正好踢到我在拍摄《宝贝计划》时撞伤的部位,我感到钻心的疼痛。”

52岁的成龙演戏一向以拼命著称,演艺生涯中受伤无数。他在一次采访中说,每天醒来时,他都会觉得自己腰酸背痛,有时膝盖和双肩甚至疼痛难忍。

打造国际成龙

成家班

这个名字代表着香港特技专业人员中最出类拔萃的一群，他们每一个都是百中选一的精英。成家班正式成立于1979年，上世纪八九十年代至今，这个代表成龙搏命以及创造成龙神话的班底，在香港功夫电影的进程中，一直以最为瞩目的方式完成着传统武行和现代特技的转变，他们一共获得过7次香港电影金像奖。

成龙早在1982年时便开始打入好莱坞市场。但他迈向国际之路并不顺遂，他首次进军国际的作品是《炮弹飞车》，可惜票房失利，令成龙要相隔多年才再闯好莱坞。而真正令成龙打入国际市场是1994年拍摄的《红番区》，在美国上映时创下高票房纪录。进而接下第一部好莱坞电影《尖峰时刻》（香港译：火拼时速），亦获得极高的票房，登上《时代》杂志，终而奠定今日在国际的地位。但是接下来的好莱坞影片如《环游世界八十天》，在全球票房普遍不佳，成龙曾经表示，其实好莱坞并不是他的天下，只有回到香港才是如鱼得水的。

2007年在北美上映的《尖峰时刻Ⅲ》创下将近1.4亿美元的票房纪录，《尖峰时刻》系列三部总计在北美累积票房超过5亿美元、全球累积

> **成龙名言**
>
> 能够以东方人的面孔打入美国人的家庭，我感到好骄傲。好莱坞的现实，一定要自己努力，以前人人鼓励我和史泰龙合作拍戏，如今同一群人叫我不要找他，说明我已经如日中天；香港电影对我来说没得拍了，我只能往外国跑，我用不同的外景和布景来配合动作打斗，给人以新鲜感。

8.35亿美元。到目前为止，尚没有其他亚洲演员领衔主演的电影能在国际达到同等成绩。如今成龙已经创造了无数的奇迹和神话，从一个默默无名的小戏童一跃成为今日尽人皆知、家喻户晓的国际巨星，实属不易。同时他也为华人电影立下了汗马功劳。成龙在日本是家喻户晓的人物，在美国洛杉矶、旧金山和加利福尼亚州都设有“成龙日”，旧金山影展曾授予他特别杰出奖。

1989年英国授予他MBE爵士勋章，1990年法国授予他荣誉骑士勋章。这些都是成龙走向国际获得的重要荣誉和嘉奖。

2010年6月13日由好莱坞电影巨头和中国电影集团公司首次合拍的动作片《功夫梦》开映，以超乎预期的亮丽成绩轻松夺得北美票房冠军，这也是成龙主演的好莱坞影片的成绩第二高。

第三节　名人特写

获得荣誉

1982年最受欢迎男演员，RoadShowMagazine(日本/全球范围)。

1983最佳外国男演员，RoadShowMagazine(日本/全球范围)。

1984年最佳动作设计——成龙动作组，《A计划》香港金像奖(香港)、最佳外国男演员，RoadShowMagazin (日本/全球范围)、最佳外国歌手奖(日本)。

2011年美国人民选择奖，最受欢迎动作明星获奖《功夫梦》；美国儿童

选择奖，最受欢迎牛人（动作明星奖）获奖《功夫梦》；第15届全球华语榜中榜暨亚洲影响力大典，亚洲慈善典范。

拍戏间歇能耍宝

当年《醉拳Ⅱ》主要场景是和平大路一工厂的铁路，工作人员调来蒸汽机机车头，完成了大量镜头。

有一天中午，有人来剧组探班，买了很多两毛钱一根的老式冰棍，一进剧组有人喊："成龙，过来吃冰棍了。"成龙跑了过来："你们真够意思，吃冰棍还想着我。"然后拿起来就吃，吃完冰棍后，还模仿卖冰棍的叫卖起来，"红豆、绿豆、奶油……雪糕、雪糕。"大家被逗得哈哈大笑。

休息时，成龙总闲不住。有一次，他穿着戏服学起铁路警察，学着《红灯记》里的李玉和做手势，"可惜没有红灯啊。"

于晓伟陪成龙游净月潭时，成龙还坐上游船围栏，爬上净月的山，他的身上总有使不完的劲儿。

于晓伟说，有一天成龙参加活动时晚到了一会儿，后来他告诉身边的人，在报纸上看到一个小孩因为没钱要辍学，就去给那个孩子送了点钱，因为自己文化不高，他不希望别的孩子因为贫困放弃上学的机会。

第十章 杨坤北漂辛酸史

人物名片

从夜总会的驻场歌手到摇滚小生，进入不惑之年的杨坤刚刚迎来了自己事业真正的“巅峰时刻”，刻骨铭心的8年恋情，10年的辛酸北漂，5年与抑郁症的抗争，50多次的搬家经历……

倘若不是成名后的“忆苦思甜”，这些数字谁又会在意。一个敏感、孤独、灵性的歌者，到底经历了怎样的挫折与失败？

第一节 走近人物

杨坤，1972年12月18日生于内蒙古包头，中国著名创作歌手，2002年发行首张专辑《无所谓》一炮走红，极具辨识度的嗓音让他在整个华语乐坛拥有很高的知名度。在音乐创作的道路上一直在不断探索，并树立了属于自己的创作风格。嗓音磁性十足，极富特点。代表音乐作品《无所谓》《那一天》《穷浪漫》《牧马人》等歌曲广为传唱。

1989年至1991年工作于包头市包钢文工团；

1991年考入内蒙古武警总队文工团；

1992年至1994年多次参加内蒙古大型文艺晚会；

1994年3月为电视剧《陌生海岸》演唱，为电视剧《真情到永远》演唱主题曲《爱》；

1999年为范琳琳、耿乐、刘俊等歌手创作《往日难追》《想念你》等作品；

2001年5月正式签约北京竹书文化唱片公司；

2006年12月以七位数身价加盟华谊兄弟；

2008年4月22日在北京工人体育馆举办了出道以来第一场个人演唱会“燃情四月”；

2008年7月9日在自己的家乡包头传递火炬；

2009年5月29日参与央视《中华情》魅力慈溪大型演唱会的录制；

2009年8月2日参与《欢乐中国行——魅力通辽》大型文艺晚会；

2010年8月16日下午，参加创作型歌手梁佳杰携个人同名专辑《梁佳杰》在北京举行媒体发布会；

2010年8月28日，“大连中星夜”杨坤“炫利星　坤歌行”演唱会在大连海事大学体育馆隆重上演。

从1990年开始唱歌，有一段时间在内蒙古的发展已经到了一个瓶颈，他觉得北京人才济济，就想着去那里发展，看看自己的能量到底有多大。

> **杨坤名言**
>
> 青春期没叛逆，是一大缺憾，因为你不叛逆，你就是大河一滴，因为你叛逆，你才与众不同。我想让更多有音乐梦想的年轻人得到一个离梦更近的机会，也许他们不完美，但有潜质。我也曾漂泊追梦，深知不易！让我们以欣赏的眼光看他们吧！

当时去北京发展没有考虑得很周全，想去就去了，并且把自己在呼和浩特的后路全断掉了，只能往前走。杨坤只身一人闯荡北京。举目无亲的他，曾经背着吉他在大街上四处游荡，多的时候10块一曲，少的时候5块也唱，过着风餐露宿的日子。

后来经朋友介绍，他去舞厅、夜场唱歌。整整8年，杨坤就过着这种日子。他暗暗发誓："只要给我一个机会，我一定要红！"

现在很多的舞台表演经验完全是那几年驻唱时积累下来的，所以一度歌迷很困惑，这个人的面孔是新的，可是台上的表现又不像是个新人。

第二节　坎坷创业八年北漂辛酸史

难以启齿的校园生活

到了上学的年龄，父母将杨坤接到城里，这是杨坤第一次和自己的亲生父母真正生活在一起，环境、生活的变化使小杨坤非常不习惯，再加上父亲在教育上秉持着"棍棒底下出孝子"的理论，从小内向的他骨子里就很叛逆。

"有时候是丢了钥匙，也不知道为什么，经常是三天一小揍，五天一大揍。"逃跑，一直是那时候杨坤的想法。

也许是因为形象的问题，也许是因为孤僻的性格问题，进入学校的杨

坤，仍然没有逃脱挨揍的“厄运”，大家觉得他给人的感觉太“隔路”了，不招那些大同学待见。再加上“古惑仔”式的打扮，终于因为一次错误，而收到了学校的退学通知书。

“最不老实的兵”被七八个人狂揍

当了三年工人的他，因为唱歌唱得不错，一次偶然的机会，包头招考两名文艺兵，杨坤成了其中的一名，他笑称，是音乐拯救了一个青春叛逆期的少年。但被揍的历史还在重演，有次一大早还未完全醒过来，已经被七八个战友按着一顿狂揍。杨坤调侃说，这种青春期的行为只能理解为嫉妒，因为当时的文艺兵里面，只有自己有机会偷偷跑出去唱歌挣钱。而那时，他已经从一个五元一晚的新手成为四十元一晚的当地著名歌手，这在当时已经是天价了。而断了这条财路是因为自己的行为被部队发现，不得不中止跑场经历。

对很多人回避的歌厅、酒吧驻唱话题，杨坤显得非常坦然，表示一个人不应该抹杀自己的经历，在酒吧唱歌不丢脸，每一笔其实都是人

生的财富。

与满江、黄格选“死磕”的日子

1994年杨坤从呼和浩特到了北京，一直都在酒吧唱歌，北京大大小小的PUB几乎都唱过，就这样唱了近8年才有机会做唱片。其实他真正在台上唱也就是4年，然后用这4年唱歌赚来的钱去写歌，等于说唱了4年，写了4年。

当时，他给自己定下的标准是，如果这个月挣到的钱能保证下个月的生活，那他第二个月就不干了，所以他通常是干一个月的活然后休息两个月，给自己一个调节缓冲的时间。反正那时候要靠唱歌挣大钱是谈不上的，但保证一般的生活所需是可以的。

其实杨坤和潘劲东、黄格选、满文军他们属于同一批歌手，与满江、沙宝亮的关系就是俗话说的“死磕”。“刚去北京的时候，我们就一起在酒吧里唱歌，舞台表演时互相较劲，如果你赢得的掌声比我热烈，那接下来我就要争取到比你更热烈的掌声，这种良性的竞争方式使我们每个人都获益匪浅。”杨坤说。

50多次搬家

穷困潦倒的1998年，因为不善言谈也不迎合客人的喜好，杨坤常常被炒鱿鱼，一来二去北京大大小小的夜总会都被杨坤唱遍了，因为没有稳定的工作和收入，杨坤经常

经典歌词

夜深人静后常常很想哭，所有的往事都呼之欲出，其实我心中好想倾诉，只是我不擅让心事流露；不停地追逐那光荣与财富，多虚无，却忽略最贴心的眷顾；不停的付出赢得了全部，都不如那拥抱的温度。

要过着饥饱不均的生活，他也因此创下了搬家五十多次的纪录。位于北京青塔小区的地下室是杨坤最窘迫时期的住所，当时这里聚集了很多潦倒的音乐人。

5元牛肉面果腹

2000年，还未成名的杨坤，只是北京驻场酒吧里的一个歌手，一次杨坤的爸爸从内蒙古到北京短住，老人家经常叹气“我们杨坤都三十多了，到哪年哪月才能出头呀”。

因为都不宽裕，杨坤他们几乎每天都去附近的牛肉面馆吃一顿5块钱的面条。另据室友爆料，虽然杨坤当时没有名气，可是凭着外表、嗓音，不乏男男女女的追求者，对此他基本不加理会。

喉咙出血因祸得福

“原本我的嗓音属于很干净、又细又尖的那种，有一年我患了声带小结，手术后医生嘱咐我要休息3个月，术后第三天我就忍不住开始唱歌了，后来嗓子出了很多血，就变成了现在这样的沙哑声音。”杨坤说，音乐就是他的生命，“好好的嗓音没了，当时真的特别绝望，极其想放弃音乐，但我又放不下，最后咬着牙挺了过来，有时候回想起过去，我也会流泪。”

人生第一次录音在洗手间完成

大家都知道杨坤的首张专辑《无所谓》，当年造成的哄动效应至今犹在眼前。这张所谓专辑其实是在洗手间录制完成的。

原来，虽然偶尔被战友们揍，但大家对歌唱得不错的杨坤喜欢的时候更多。班长看其太喜欢唱歌了，自告奋勇要为其录制专辑，而录音地点就是宿舍的洗手间，因为，那里的天然混响很好。

印象里一共收录了五首翻唱歌曲的卡带，便成了杨坤嗓音从干净到

沙哑的历史见证。

5年抑郁想自杀

2005年，杨坤发表了专辑《2008》，但是这却成了杨坤的遗憾之作，那个阶段也是杨坤的多事之秋，心理上的压力、身体上不健康以及对于未来的迷茫，都让杨坤重新陷入到了不愉快的心境中，杨坤也因此患上了抑郁症。

"那段时间正好赶上要跟公司解约，发的那张作品《2008》我也不是很满意，再加上有很多唱片公司来找我，这本身是个好事，但我觉得给我了太多的负担。不知道该怎么办了，身体就出现了很不好的状况，一见人多，人一多了就会出冷汗。"

意外骨折

忙完西安个唱的杨坤，深夜因不慎坠楼导致骨折，据杨坤助理透露，杨坤与某新生代导演商谈电影事宜聊至深夜，出门时因楼道光线不足，一脚踩空摔下楼梯。当即被送进医院确诊为骨折。

主治医生表示，杨坤摔的位置正好在脚踝处，因为跌倒过猛导致两处骨头错位，但并没有造成粉碎性骨折，手术的难度不大，但是需要静养两到三个月才能进行演艺活动。

因为这次意外事故，杨坤不得不暂停所有演艺活动，据知情人士透露，这次的直接损失达200多万。

第三节　情歌灵感的来源

杨坤8年恋爱史

1990年5月的一个下午,17岁的杨坤正在部队文工团练声,突然,抬头看见一个长发披肩的女孩站在不远处,和一个舞蹈演员说笑。或许感觉有人在看自己,那女孩扭过头来向杨坤做了一个鬼脸,发出一串串银铃般的笑声。

四目相对,性格内向的杨坤像触电般,脸一下子红了。那女孩像一缕春风,瞬间没了踪影,可她的笑容就像屋外射进来的灿烂阳光,把杨坤的心填得满满的。有些怅然若失的杨坤憧憬着能够和那女孩再次相遇。

> **音乐多元化**
>
> 在创作上杨坤跨越R&B、拉丁、另类、POP、Rock、Soul等多元化音乐领域，展现了他极富人性化的创作才华，象《无所谓》中细腻入微的POP感觉、《飞船》中极富创意的时尚另类成份、《里约热内卢》中纯正的拉丁情结、而在《美丽一天》中则特意采用的R&B曲风。

1994年,杨坤从部队转业,带着音乐梦独自到北京闯荡。同样是阳光明媚的春日,杨坤在三里屯一家酒吧演出,演出结束回到休息室时,正好遇到一群候场的舞蹈演员。

突然,杨坤看到那张在脑海里回忆了无数次的笑脸,那一刻他的呼吸几乎停止。

他迅速跑到那女孩面前,激动地说:“你还记得我吗?四年前,我们在内蒙古的部队文工团见过面的!”女孩上下打量杨坤一番,兴奋得叫起来:“原来是你啊,那个害羞的大男孩。”他乡遇故知,两人的交往就从这里开始了。

80块钱的“初恋”

杨坤慢慢地知道,女孩名叫白雪,也是内蒙古人,两年前考进北京某

部队文工团，成为独舞演员，当得知白雪还没有男朋友时，杨坤兴奋得辗转难眠，他在心里告诉自己：这次再也不能错过了！一次香山的袒露心扉，使两个人的关系发生了质的变化。

此后，几天不见白雪，杨坤就感到心里空落落的。一次，演出结束后杨坤特别想见白雪，可当时地铁和公交车都停了，杨坤摸摸身上仅有的80元，毫不犹豫地打了一辆的士，直奔北京西郊八大处白雪住的宿舍，到了宿舍前，杨坤突然意识到已经很晚了，虽然看到白雪的窗口还亮着灯，但他没有上楼去，而是倚着楼前那棵白杨树，望着窗户上玲珑的剪影出神……相处得越久爱恋就越深。

幸福天堂10平居室

11月的一个星期天，阴了好几天的北京突然放晴，久违的太阳露出了暖洋洋的笑脸，杨坤连忙把棉被拿到外面的太阳下晒，自己则不修边幅地躺在上面弹吉他。

就在这时，白雪像小公主一样突然冒了出来，见到杨坤这样的生活环境，她心酸地哭了，然后二话不说地收拾杨坤的东西，又用不容置疑的口吻对杨坤说："跟我走！"北京的冬天特别冷，但对杨坤和白雪来说，这个相互偎依着取暖的冬天最温暖，白雪那间不到10平方米的简陋宿舍，从此成了他们两人的天堂。

生计无着争吵不断

1998年春天，当西伯利亚寒流最后一次侵袭北京时，杨坤迎来他爱情中的第一场冬雪。

杨坤的大黄蜂

这是一款重型机车，它的所有零部件全部来自世界各地；然后，杨坤对这些零部件如何成型有了一些想法与创意，并与专业人士探讨可实施性；再然后，它在北京某加工厂经过长达一年的时间组装而成。如果硬要说它是摩托车已经有点牵强，它已经超出了摩托车的范围。

杨坤那段时间一直接不到活。只好整天待在"家"里。因为没有活干，没有朋友，没有人听他的音乐，除了白雪没有人理他，更因为他没有经济来源，"家"里的一切开支都靠白雪的收入来维持，他们开始纠缠不清地争吵，吵到精疲力尽时才发现两人的脸孔都布满泪珠……整整一年多，杨坤没有一次演出的机会，千辛万苦写出的歌寄到唱片公司也被原封不动地退回来。

事业上的不如意，经济上的拮据，让他们变得特别敏感，两人经常为一些琐碎的事争吵，说一些很伤害对方的话，吵过后是长时间的冷战，日子渐渐看不出幸福的模样了。1998年夏天，杨坤和白雪爆发了最激烈的一次争吵，当时，有一个大款热烈地追求白雪，白雪在拒绝大款的同时把这件事一五一十地告诉了杨坤。

这时，杨坤已失业了很长时间，以至把白雪的坦诚当成挑衅和暗示。一瞬间，他把内心所有的怨恨和苦闷全都爆发出来。倔强的白雪不甘示弱，也说了很多伤害杨坤的话。一气之下，杨坤摔门而去，经过几天的煎熬，杨坤渐渐明白，与其这样痛苦地相爱，还不如趁早分手，爱她所以离开她，杨坤不想让白雪跟他吃苦，于是，杨坤说出了他这辈子都不愿说的"分手"两个字。临分手时，白雪泪汪汪地从脖子摘下那条陪伴了她近十年，价值3000多元的金项链，哭着给杨坤戴上。不久，杨坤得知白雪被一个很富有的男人接走了，再后来，杨坤没有了白雪的消息。

在沉默痛苦中拼搏，杨坤的事业终于出现转机。2002年，他推出首张个人专辑《无所谓》，一时间红遍大江南北，他以独特沙哑的嗓音和忧郁深沉的演唱风格被誉为“内地的阿杜”。

某谈话节目现场，那英爆出杨坤对感情的挑剔程度非常之高，“杨坤你能不对我给你介绍的每个女朋友都眉头紧皱，行吗？”杨坤30岁出道，到了如今近40岁，感情依旧空窗的杨坤定当是跨过了这三道分水岭之后又再领悟出了新的感触。

第四节 红遍大江南北的嗓音

专辑《无所谓》

从事音乐创作将近8年的时间，杨坤在音乐创作的道路上一直在不断地探索，并树立了属于自己的创作风格。

首张专辑《无所谓》中收录的10首作品是他在创作的近50首歌曲中极具代表性的，经过近半年的不断修改和筛选，最终确定了专辑中的这10首歌曲。

这张专辑汇集了来自中、日、台三地的众多音乐制作高手，由涂惠源、大友光悦、Funky末吉和仲衡等音乐人联手倾力打造。

主打歌《无所谓》由涂惠源担任编曲和制作，使本来极具叙事情结的情歌暗暗涌动着一股起伏的情绪，极富张力。音乐中充分利用吉他极富弹性的质感和特有的叙事气质，让整曲始终笼罩在伤感的氛围里，而著名吉他手捞仔的倾情演绎为音乐增色不少。

几乎专辑中每一首歌都呈现出不同的音乐风格和不一样的感受，曲风跨越R&B、拉丁、另类、POP、Rock、Soul等多元

《无所谓》经典歌词

无所谓/谁会爱上谁/无所谓/谁让谁憔悴/有过的幸福/是短暂的美/幸福过后/才回来受罪/错与对/再不说得那么绝对/是与非/再不说我不后悔/破碎就破碎/要什么完美/放过了自己/我才能高飞/无所谓

化音乐领域。R&B风格的《美丽一天》是编曲完成之后杨坤即兴编出了旋律,完全的自由之作,韵味十足。

纯正拉丁风格的《里约热内卢》,来自亚洲鼓王Funky末吉那奔放的节奏和杨坤的倾情演绎让每一个人领略到音乐的真正魅力;POP感觉的《Imissyou》和另类感、时尚感十足的《飞船》都是非常值得一听的歌曲。细腻的情感流露充分展现了杨坤极富人性化的创作才华, 以及在不同时期对生活的领悟和对情感诗画般的追忆。

专辑《牧马人》

2007年杨坤全新作品《牧马人》全国首发,这意味着已经一年多未在歌坛有大动作的杨坤开始再度进军华语流行乐坛。

一直以来凭借别具风格的沙哑歌喉、卓而不群、独具表现力的音乐创作才华而在歌坛独占鳌头的杨坤,由于对自身的要求越来越高,对音乐的想法越来越固执,在发行完第三张专辑《2008》之后,曾一度患上抑郁症,近乎自闭。那段时间,他对自己所有创作的音乐全盘否定,甚至对自己是否还要继续写歌、继续唱歌持怀疑态度。当因为创作进行到一定阶段、很难突破瓶颈而导致内心焦虑不安、甚至出现各类心理疾病,这是很多精益求精、视音乐为生命的音乐人难以绕过的一个坎。

一趟重回草原之旅, 让杨坤久未释放的心一下子找到了支撑点, 呼伦贝尔大草原的幽远辽阔让杨坤这颗本以为已经变身为都市的灵魂开始苏醒。原来,自己当初从草原来到都市,今天,还需要从都市再度回到草原。

从草原回来后, 杨坤的创作灵感重新点

燃，修身养息的一年多时间，他在短短一个月内创作出了献给故乡的《牧马人》，以及其他此次一并收录专辑的《月儿圆》《寂寞之王》《穷浪漫》《红裙摆》等十首心水之作，首首皆是杨坤从沉沦到崛起、从自闭到开放的心路历程的真实写照。他坦言：这是自己开始写歌以来感觉最舒服、最自然的一次，也是跟从前所谓“苦大仇深”相比最轻松欢快的一次，可以说，是《牧马人》治愈了自己抑郁症。而整张专辑所倡导的回归自然、原始的概念以及寻找生命本真快乐的想法，其实是今天很多都市人内心所渴望的最真实的触动之一。